건강한
공동체 5
세우기

가장 위대한 사명

MISSIONS

| 김평육 지음 |

쿰란출판사

가장
위대한
　　MISSIONS
사명

서/문

가장 위대한 사명

선교사가 될 것이라는 생각은 있었지만 어떻게 선교를 시작할 수 있을지 막연했다. 미국에서 사업을 경영하면서 기독교 신문 발행으로 문서선교 사역을 하다가, 1994년 르완다 대량 학살 전쟁 현장을 취재한 후 아프리카 선교 사역을 시작하게 되었다. 신문사를 통해 재정을 마련하고, 발행인으로서 직접 현장을 오가며 구제하는 일을 시작한 것이 오늘에 이르렀다.

그동안 선교 사역을 알리기 위해 몇 권의 간증집을 출판했지만 선

건강한 공동체 세우기 5

교에 대하여 정리할 기회는 없었다. 선교회가 성장하면서 선교회의 내부 스태프진과 단기선교단 단원들을 위한 선교 교육에 필요한 교재를 메모해 왔는데, 그 내용을 정리하여 '건강한 공동체 세우기' 시리즈 4권을 출판하였다.

1권은 영적 전쟁을 주제로 엮었으며, 2권은 《팀 빌딩(ALPS 4 CLIMB)》이란 제목으로 건강한 공동체를 어떻게 세울 것인지를 다루었다. 3권은 《하늘 생각》이라는 제목으로 '사역자의 정신'을 정리하였으며, 4권 《하이어 콜링》은 비전과 비저너리 리더십에 대한 내용을 다루었다.

건강한 공동체 세우기 시리즈로 출판된 네 권의 책은 '하이어 콜링'이라는 주제로 미국 본부와 한국 지부, 그리고 아프리카 5개국에서 수련회와 세미나 집회를 위한 교재로 사용하고 있다.

건강한 공동체 세우기 시리즈의 다섯 번째로 선교에 대한 내용을 정리하였다. 선교사 지망생을 교육하기 위한 교재로 만든 것인데, 기존의 선교사와 선교를 지향하는 교회의 선교 지도자들과 생각을 나누기 위해 책으로 출판하게 되었다.

서문

한국교회는 70년대의 영적 부흥과 교회 성장, 그리고 80년대의 국가 경제 성장으로 세계선교에 괄목할 만한 성장을 이룩했다. 그런데 준비 없이 갑자기 팽창한 한국교회 선교는 선교사의 훈련 부족과 현지의 관리 소홀로 야기되는 후유증을 겪고 있다. 선교사의 자질 문제가 제기되고, 경험 없는 교회의 무분별한 선교지 활동이 오히려 선교에 폐해가 되고 있다는 지적이다.

이제는 한국교회가 어느 정도 선교 경험이 쌓이고 자체적인 선교 전략도 구체화되어 가는 단계인데, 교회가 선교 동력을 잃고 있어 안타깝다. 교회의 선교 지원 능력이 감소되고, 선교사 동원이 한계에 부딪힌 것이다.

한국교회가 보유하고 있는 선교 자원을 동원하고 가장 효율적으로 최대의 효과를 얻어 내는 방법을 모색해야 할 때이다. 선교사의 동원과 양육, 훈련과 파송의 효과적인 방법을 찾아야 하며, 파송된 선교사들의 선교 역량을 확장해가야 한다.

이 책은 선교신학이나 전략적인 면보다는 예수와 사도들의 복음

건강한
공동체
세우기 5

전파의 내용을 살펴보고, 이어지는 선교의 역사 속에서 선교사가 배워야 할 교훈이 무엇인지 찾아본다. 그리고 아프리카 선교사로 살아온 필자의 경험을 바탕으로 선교사는 누구인가를 생각하고, 교회와 선교회 그리고 선교사가 어떻게 선교를 감당해야 하는지 방안을 제시하고자 한다.

2020년 6월
김평육

서문 • 4

1장 선교의 시작

1. 요한과 예수의 복음 전파 _ 17
 1) 세례 요한의 외침 _ 18
 2) 하나님의 나라 _ 23
 3) 예수의 비전 _ 29

2. 열두 사도의 복음 전파 _ 35
 1) 사도의 선택과 훈련 _ 36
 2) 사도가 전한 복음의 핵심 _ 42
 3) 사도의 직무 _ 48

3. 사도 바울 _ 54
 1) 다소 사람 사울 _ 56
 2) 바울의 부르심 _ 61
 3) 바울의 신학과 전도여행 _ 67

건강한 공동체 세우기 5

2장 선교사

1. 부르심을 받은 사람 _ 75
   1) 소명 _ 76
   2) 소명의 확인 _ 81
   3) 소명의식 _ 86

2. 보내심을 받은 사람 _ 92
   1) 사도 _ 93
   2) 선교사: 사도의 은사 _ 98
   3) 선교사: 사명 수행자 _ 103

3. 떠나는 사람 _ 109
   1) 고향을 떠나라(문화) _ 110
   2) 친척을 떠나라(가치관) _ 116
   3) 아버지 집을 떠나라(태도) _ 121

목/차

3장 **선교의 역사와 미래 과제**

1. 사도시대의 선교 _ 129
   1) 선교의 뿌리 _ 130
   2) 바울의 선교 사역 _ 136
   3) 바울의 선교 전략 _ 141

2. 사도시대 이후의 선교 _ 148
   1) 초대교회에서 중세기까지 _ 149
   2) 19세기 부흥운동과 개신교 선교 _ 156
   3) 한국교회와 세계선교 _ 161

3. 세계선교의 미래 _ 168
   1) 넘어야 할 4대 산맥 _ 169
   2) 선교하는 교회와 가정 _ 174
   3) 4차 산업혁명 시대와 선교 _ 180

건강한
공동체
세우기 **5**

4장 선교 현장으로 가는 길

1. 선교사 동원과 파송 _ 189
   1) 교회와 선교 _ 190
   2) 선교사 준비 _ 194
   3) 선교회와 선교 _ 199

2. 선교 현장의 10대 추천 사역(아프리카를 중심으로) _ 204
   1) 복음 전도와 교회 설립 _ 205
      ⑴ 전도, 복음화 사역 _ 206
      ⑵ 현지인 교역자·사역자 양성 _ 208
      ⑶ 교회 개척 및 설립 지원 사역 _ 210
   2) 전통적인 간접 선교 방식 _ 212
      ⑷ 교육 사역 _ 212
      ⑸ 의료 사역 _ 214
      ⑹ 구제와 지역 개발 사역 _ 217

목/차

   3) 선교 지원 사역 _ 219
      ⑺ 단기선교 사역 _ 219
      ⑻ 전문 기술 지원 사역 _ 221
      ⑼ 선교 자립 지원 사역 _ 224
      ⑽ 세계기구 및 정부기관 봉사 사역 _ 225

3. 선교사 십계명 _ 228
  1) 예수 중심의 삶을 살라 _ 229
  2) 비저너리가 되라 _ 231
  3) 최선의 삶을 살라 _ 233
  4) 은근과 끈기로 하라 _ 235
  5) 현지인을 존중하고 신뢰하라 _ 238
  6) 재정 관리를 투명하게 하라 _ 240
  7) 분열을 멀리하라 _ 242
  8) 시기와 질투의 감정을 버려라 _ 244
  9) 낮은 자리에 있어라 _ 247
  10) 사랑으로 하라 _ 249

건강한
공동체 5
세우기

1장
선교의 시작

■■■

　기독교는 예수와 그의 제자들에 의해 만들어진 새로운 종교가 아니다. 아브라함의 자손 유대인들이 믿고 따르던 율법과 선지자와 연결되어 있다. 기독교의 역사는 아담을 만드신 창조의 시간으로부터 시작된 것이다.

　구약성경은 모세오경과 역사서, 예언서와 시가서와 지혜서로 구성되어 있다. 구약성경은 오실 예수에 대하여 예언하고 있는데, 그 구약성경을 신약으로 잘 연결한 성경이 누가복음이다.

　누가복음은 사도 바울의 동역자였던 의사 누가가 예수의 출생과 그의 행적을 처음부터 자세히 살펴서 기록하여 데오빌로에게 보낸 편지다(눅 1:1-4). 누가는 구약성경의 마지막 예언서인 말라기의 예언을 누가복음을 시작하는 연결고리로 삼았다.

　말라기서는 "보라 여호와의 크고 두려운 날이 이르기 전에 내가 선지자 엘리야를 너희에게 보내리니 그가 아버지의 마음을 자녀에게로 돌이키게 하고 자녀들의 마음을 그들의 아버지에게로 돌이키게 하리라 돌이키지 아니하면 두렵건대 내가 와서 저주로 그 땅을 칠까 하노라 하시니라"(말 4:5-6)는 예언으로 끝을 맺었다.

　그리고 400년의 긴 침묵을 깨고 천사 가브리엘이 사가랴 제사장에게 나타나 요한의 출생을 예고하는 장면으로 누가복음이 시작된다.

　성전에서 분향하는 사가랴 제사장을 찾은 가브리엘 천사는 "사가랴여 무서워하지 말라 너의 간구함이 들린지라 네 아내 엘리사벳이 네게 아들을 낳아 주리니 그 이름을 요한이라 하라"(눅 1:13)고 하며 아들을 낳을 것을 말해 주었다.

천사는 요한이 "주 앞에 큰 자가 되며 포도주나 독한 술을 마시지 아니하며 모태로부터 성령의 충만함을 받아 이스라엘 자손을 주 곧 그들의 하나님께로 많이 돌아오게 하겠음이라 그가 또 엘리야의 심령과 능력으로 주 앞에 먼저 와서 아버지의 마음을 자식에게, 거스르는 자를 의인의 슬기에 돌아오게 하고 주를 위하여 세운 백성을 준비하리라"(눅 1:15-17)고 하였다. 말라기서에서 예언한 엘리야의 출현이 요한의 출생으로 연결되고 있다.

누가는 예수의 출생으로 성경의 역사를 연결한다. 사가랴 제사장에게 요한의 출생을 알려 주었던 가브리엘 천사가 처녀 마리아에게 나타나 아들을 낳을 것이라고 하며 친척 엘리사벳이 이미 아들을 잉태한 사실을 말해준다(눅 1:26-37).

마리아가 유대 산골 마을에 살던 엘리사벳을 찾아가 문안할 때 엘리사벳의 뱃속에 있던 아이가 뛰놀았다. 엘리사벳이 성령의 충만함을 받아 마리아를 향해 "여자 중에 네가 복이 있으며 네 태중의 아이도 복이 있도다"(눅 1:42)라고 축복하였다.

요한과 예수, 두 사람의 위대한 복음 전도자들의 첫 만남은 그들의 어머니 태중에서였다. 요한은 예수의 길을 준비하는 자로, 예수는 그리스도로 세상에 오셨다.

세례 요한은 요단 강 주변에서 '죄 사함을 받게 하는 회개의 세례를 전파'(눅 3:3)하며 "나는 물로 너희에게 세례를 베풀거니와 나보다 능력이 많으신 이가 오시나니 나는 그의 신발끈을 풀기도 감당하지 못하겠노라 그는 성령과 불로 너희에게 세례를 베푸실 것이요"(눅 3:16)라고 하였다.

예수는 유대 땅에서 하나님 나라의 복음을 전하며, 열두 제자를 사도로 훈련하셨다. 예수의 비전은 예루살렘과 유대와 사마리아와 땅 끝까지 복음을 전하는 것이었다. 누가는 예수의 사도들이 어떻게 복음 전파의 사명을 이어 갔는지 사도행전에 상세하게 기록하였다.

사도행전의 초반에는 초대교회의 형성과 베드로를 중심으로 복음이 확산되어 나가는 과정을 기록하였다. 예수를 세 번이나 부인하고 도망했던 베드로와 그와 함께 바다로 갔던 제자들이 오순절 성령 강림을 기점으로 변화된 모습이 기록되어 있다.

다소 사람 사울은 예수를 핍박하던 바리새인이었다. 예수 믿는 자들을 결박하러 다메섹으로 가던 사울이 예수의 부르심으로 이방인을 위한 사도가 되었다. 사도 바울은 "내가 모든 사도보다 더 많이 수고하였으나 내가 한 것이 아니요 오직 나와 함께하신 하나님의 은혜로라"(고전 15:10)고 한 것처럼 그는 열정의 사도였다.

'누가복음'과 '사도행전'에는 세례 요한과 예수, 사도들의 행적이 잘 정리되어 있다.

이 장에서는 두 권의 성경을 중심으로 어떻게 선교가 시작되었는지 살펴본다. 사도 바울의 사역과 삶을 통해 그의 선교 전략과 선교 정신을 배울 수 있을 것이다.

1.

요한과 예수의 복음 전파

이사야 선지자는 "좋은 소식을 전하며 평화를 공포하며 복된 좋은 소식을 가져오며 구원을 공포하며 시온을 향하여 이르기를 네 하나님이 통치하신다 하는 자의 산을 넘는 발이 어찌 그리 아름다운가"(사 52:7)라고 하였다.

사도 바울은 이 말씀을 인용하며 "보내심을 받지 아니하였으면 어찌 전파하리요 기록된 바 아름답도다 좋은 소식을 전하는 자들의 발이여 함과 같으니라"(롬 10:15)고 하면서 보내심을 받은 자들이 있어야 한다고 말한다.

세례 요한은 자신을 보내심을 받은 자라고 하였다. "내가 말한 바 나는 그리스도가 아니요 그의 앞에 보내심을 받은 자라고 한 것을 증언할 자는 너희니라"(요 3:28)고 하였다. 예수도 역시 "내가 다른 동네들에서도 하나님의 나라 복음을 전하여야 하리니 나는 이 일을 위해 보내심을 받았노라"(눅 4:43)고 하셨다.

복음을 위하여 보내심을 받은 요한과 예수는 큰 자라고 성경은 말하고 있다. 가브리엘 천사는 사가랴 제사장에게 요한의 출생을 알리며 "그가 주 앞에 큰 자"(눅 1:15)가 될 것이라고 하였고, 예수에 대하여서도 "그가 큰 자가 될 것"(눅 1:32)이라고 하였다. 예수는 요한에 대하여 "여자가 낳은 자 중에 요한보다 큰 자가 없다"(눅 7:28)고 하였다.

영어 성경에서는 '큰 자'를 'Great'라는 단어로 사용하였다. '위대하다'는 말이다. 요한과 예수는 짧은 인생을 살았지만 복음 전파라는 가장 위대한 일을 성취하였다. 요한과 예수의 만남은 구약시대에서 신약시대로의 전환점이다.

율법과 선지자의 시대에서 복음 전파의 시대로 넘어가는 중요한 시기에 두 위대한 선지자들이 어떤 사역을 했는지 살펴보자.

1) 세례 요한의 외침

"너의 간구함이 들린지라 네 아내 엘리사벳이 네게 아들을 낳아 주리니 그 이름을 요한이라 하라"(눅 1:13)는 가브리엘 천사의 말을 믿지 못해 벙어리가 되었던 사가랴 제사장은, 아들이 출생하자 입이 열려 그의 이름을 요한이라고 하였다. 그는 성령이 충만하여 아들 요한에 대하여 예언하였다.

눅 1:76-79 "이 아이여 네가 지극히 높으신 이의 선지자라 일컬음을 받고 주 앞에 앞서가서 그 길을 준비하여 주의 백성에게 그 죄 사함으로 말미암는 구원을 알게 하리니 이는 우리 하나님의 긍휼로 인함이라 이로써 돋는 해가 위로부터 우리에게 임하여 어둠과 죽음의 그늘에 앉은 자에게 비치고 우리 발을 평강의 길로 인도하시리로다."

이사야 선지자가 "외치는 자의 소리여 이르되 너희는 광야에서 여호와의 길을 예비하라 사막에서 우리 하나님의 대로를 평탄하게 하라"(사 40:3)고 예언한 '광야의 외치는 자'로 요한이 출생하였다.

요한은 제사장의 가정에서 출생했음에도 광야에서 생활을 시작했다. 누가복음은 "아이가 자라며 심령이 강하여지며 이스라엘에게 나타나는 날까지 빈 들에 있으니라"(눅 1:80)고 기록하고 있다.

요한이 광야에서 살아야 했던 이유는, 한나가 아들 사무엘을 낳아(삼상 1:11) 그녀가 서원한 대로 성막에서 교육한 것과 같은 이유일 것이다. 또는 사가랴 제사장 부부의 나이가 많아 당시 에세네파의 쿰란 공동체에 아이가 맡겨졌을 수도 있겠다.

사가랴 제사장은 이스라엘을 구원할 메시아의 출현을 알고 있었다. 그는 그의 아들 요한이 엘리야의 심정을 가지고 광야에서 외치는 자의 소리로 이 땅에 보내진 것을 알았기에 요한을 광야에서 살게 하였을 수도 있다.

성인이 된 요한은 요단 강 부근의 각처에서 "죄 사함을 받게 하는 회개의 세례를 전파"(눅 3:3-6)하였다. 요한이 전한 메시지의 핵심은

1장 선교의 시작

"회개하라 천국이 가까이 왔다"(마 3:2)는 것이었다. 요한은 세례를 받으러 오는 자들에게 "독사의 자식들"이라고 책망하며 회개에 합당한 열매를 맺으라고 외쳤다(눅 3:7-8).

요한은 회개한 사람들이 어떻게 살아야 하는지 구체적으로 가르쳤다(눅 3:11-14). '있는 자들이 없는 자들에게 나누어 주고, 세리는 부과된 세금만 받을 것이고, 군인들은 강탈하지 말라'는 회개에 따른 삶의 변화를 요구한 것이다.

예수는 "율법과 선지자는 요한의 때까지요 그 후부터는 하나님 나라의 복음이 전파되어 사람마다 그리로 침입하느니라"(눅 16:16)고 하셨다. 여기서 선지자와 율법에 대하여 생각해 보아야 하겠다.

하나님은 아브라함을 가나안 땅으로 보내시며, "땅의 모든 족속이 너로 말미암아 복을 얻을 것이라"(창 12:3)고 하셨다. 그런데 고향을 떠난 아브라함은 가나안 지역의 다른 부족들의 위협에 대한 두려움 속에 살고 있었다.

아브라함의 아내를 그랄 왕 아비멜렉이 데리고 간 날 밤, 하나님이 아비멜렉의 꿈에 나타나 "이제 그 사람의 아내를 돌려보내라 그는 선지자라 그가 너를 위하여 기도하리니 네가 살려니와 네가 돌려보내지 아니하면 너와 네게 속한 자가 다 반드시 죽을 줄 알지니라"(창 20:7)고 경고하셨다. 하나님은 아브라함을 선지자라고 칭하셨다. 아브라함은 구약 성경에 나타나는 첫 선지자이다.

선지자는 "하나님의 말을 그 입에 두어 하나님이 그에게 명령하는 것을 무리에게 말하도록 보냄을 받은 자"들이다(신 18:15-20). 선지자의 사명은 아브라함으로부터 시작되었고, 요한이 그 마지막 선지자인 것이다.

예수는 모세로부터 시작된 율법이 요한까지라고 선언하셨다. 모세는 이스라엘 백성들이 하나님의 약속의 땅에서 지켜야 할 율법을 선포하고 가르쳤다. 하나님은 이스라엘 백성들이 지켜야 할 십계명을 돌판에 새겨 주셨고, 율법의 내용은 확장되었다. 예수 당시의 유대인 사회에서는 모세의 율법이 생활의 규범이었다.

요한은 광야에서 "회개하라. 천국이 가까이 왔느니라"라는 외침으로 율법과 선지자의 시대를 예수의 복음 전파 시대로 연결해 주는 마지막 주자가 되었다. 요한은 "나는 물로 너희에게 세례를 베풀거니와 나보다 능력이 많으신 이가 오시나니 나는 그의 신발끈을 풀기도 감당하지 못하겠노라 그는 성령과 불로 너희에게 세례를 베푸실 것"(눅 3:16)이라는 좋은 소식을 전하였다.

예수 당시 쿰란(Qumran) 종파는 세례 형식의 정결례(淨潔禮)를 행한 것으로 알려져 있다. 당시의 유대 랍비들은 이방인들이 유대교로 개종할 때에 이방인 개종자에게 세례를 베풀었다. 그러나 세례 요한의 세례는 이전의 세례와는 근본적으로 다른 것이었다. 세례 요한은 이방인에게 세례를 요구한 것이 아니라, 할례 받은 하나님의 백성이라는 유대인들에게 세례를 요구했다.

예수 그리스도를 통해서 도래하게 될 하나님 나라의 백성이 되는 것은, 혈통이 아니라 믿음으로 된다는 것을 보여주고 있다. 세례 요한의 세례는 오실 메시아를 영접하기 위해 마음의 죄악을 회개하고, 정결을 회복하는 것이었다(눅 3:3).

가브리엘 천사는 요한에 대하여 "주를 위하여 세운 백성을 준비하리라"(눅 1:17)고 하였다. 세례 요한은 모든 백성과 세리들에게 세례를 베풀어 그들의 마음이 예수의 말씀을 듣고 "하나님을 의롭다"(눅 7:29)고 하도록 준비해 두었다. 그러나 요한의 세례를 받지 않은 바리새인과 율법 교사들은 그들 자신을 위한 하나님의 뜻을 저버렸다(눅 7:30).

길을 예비하는 자로서의 요한의 영향력이 유대 땅에만 머물지 않았다. 사도들이 복음 전파를 시작했을 때는 이미 요한의 죄 사함의 세례가 아시아 지역까지 널리 전해져 있었다. 세례 요한은 짧은 생애 속에서 예수의 복음 전파의 길을 크게 열어 두었던 것이다.

바울이 소아시아 지역에 이르기 전 알렉산드리아에서 출생한 아볼로는 이미 예수에 관하여 알고 있었다. 요한의 제자들에게 복음을 들었을 것이다. 유대인인 그는 언변이 좋고 성경에 능통한데 일찍이 주의 도를 배워 에베소에서 열심으로 예수에 관한 것을 가르쳤다. 그러나 그는 요한의 세례만 알고 있었다. 브리스길라와 아굴라가 그를 불러 하나님의 도를 더 정확하게 풀어 주었고(행 18:24-26), 그는 고린도 교회의 지도자가 되었다.

아볼로가 고린도에 있을 때 바울이 에베소에 머물렀다. 그때 열두 명쯤 되는 제자들을 만났는데, 그들은 요한의 세례는 알고 성령에 대하여는 알지 못했다. 바울은 그들에게 "요한이 회개의 세례를 베풀며 백성에게 말하되 내 뒤에 오시는 이를 믿으라 하였으니 이는 곧 예수라"(행 19:4)고 가르쳐 그들도 예수의 이름으로 세례를 받았다(행 19:5).

세례 요한은 약대 털옷을 걸치고 미친 사람이라는 손가락질을 받으며 먹지도 마시지도 않고 주의 길을 외친 사람이다. 그는 예수에 대하여 "그는 흥하여야 하겠고 나는 쇠하여야 하리라"(요 3:30)고 하였다. 예수의 하나님 나라 복음이 흥왕해지고, 율법과 선지자의 시대가 쇠해야 하는 것을 말한 것이다.

요한은 오직 예수의 길, 복음 전파의 길을 개척하며 험한 삶을 살다가 간 선지자였다. 인간적으로는 불행한 짧은 인생을 살았지만, 세례 요한은 광야의 외치는 소리로 주의 길을 예비한 위대한 선지자로 복음 전파 시대의 길을 열었다.

2) 하나님의 나라

예수가 세례를 받으실 때 "…하늘이 열리며 성령이 비둘기 같은 형체로 그의 위에 강림하시더니 하늘로부터 소리가 나기를 너는 내 사랑하는 아들이라 내가 너를 기뻐하노라"(행 3:21-22)는 소리가 들려왔다. 예수는 성령을 충만하게 받아 40일간 금식하고 마귀의 시험을 이기고 그의 공생애를 시작하셨다.

"율법과 선지자는 요한의 때까지요 그 후부터는 하나님 나라의 복음이 전파되어 사람마다 그리로 침입하느니라"(눅 16:16)고 하신 예수는 "하나님의 나라 복음을 전하여야 하리니 나는 이 일을 위해 보내심을 받았노라"(눅 4:43-44)고 하셨다.

예수의 설교는 '하나님 나라'에 집중되어 있었고, 제자들을 파송할 때에도 "'하나님 나라가 가까이 왔다'고 말하라"(눅 10:8)고 가르치셨다.

당시 유대인들은 다윗의 왕권을 가지고 오는 메시아가 다시 세울 나라를 하나님의 나라로 생각했다. 예수의 제자들도 하나님 나라를 세상적인 왕국으로 오해하였다.

예수가 예루살렘에 입성하실 때 그의 왕국이 세워질 것을 기대했던 제자들은 그가 십자가에서 처형되자 뿔뿔이 흩어졌다. 그들은 부활하신 예수를 만난 후 다시 모였지만, 예수가 승천하는 시간까지도 '이제 그가 이스라엘 민족을 회복할 때인가?'라고 기대하였다(행 1:6).

그러나 예수는 "하나님의 나라는 볼 수 있게 임하는 것이 아니요 또 여기 있다 저기 있다고도 못하리니 하나님의 나라는 너희 안에 있느니라"(눅 17:20-21)고 하셨다.

'하나님의 나라가 너희 안에 있다'는 말씀은 개인의 심령에 하나님의 나라가 세워진다는 것이다.

예수는 "조금 있으면 세상은 다시 나를 보지 못할 것이로되 너희는 나를 보리니 이는 내가 살아 있고 너희도 살아 있겠음이라 그 날에는 내가 아버지 안에, 너희가 내 안에, 내가 너희 안에 있는 것을 너희가 알리라"(요 14:19-20)고 하셨다. 우리가 예수 안에 있는 한 예수는 우리 안에 계시며, 그것은 곧 하나님의 나라인 것이다.

예수는 보혜사 성령을 보낼 것을 약속하셨다. 예수가 보낼 성령은 예수를 영접한 개인의 심령 안에 임재하여 우리의 생각을 주관하신다. 성령 받은 사람들의 마음에 하나님의 나라가 임하여 하나님과 동행하는 삶을 살 것을 말해 주는 것이다.

사도 바울은 "하나님의 나라는 먹는 것과 마시는 것이 아니요 오직 성령 안에 있는 의와 평강과 희락이라 이로써 그리스도를 섬기는 자는 하나님을 기쁘시게 하며 사람에게도 칭찬을 받느니라"(롬 14:17-18)고 하였다. 성령 충만한 삶을 사는 것이 하나님의 나라를 이룬 삶, 이것을 전하는 것이 예수의 복음이다.

크로스비의 찬송시가 우리의 심령에 하나님의 나라가 어떻게 세워지는지를 잘 표현하고 있다.

1. 예수를 나의 구주 삼고 성령과 피로써 거듭나니
   이 세상에서 내 영혼이 하늘의 영광 누리도다
2. 온전히 주께 맡긴 내 영 사랑의 음성을 듣는 중에
   천사들 왕래하는 것과 하늘의 영광 보리로다
3. 주 안에 기쁨 누림으로 마음의 풍랑이 잔잔하니
   세상과 나는 간 곳 없고 구속한 주만 보이도다

후렴. 이것이 나의 간증이요 이것이 나의 찬송일세

나 사는 동안 끊임없이 구주를 찬송하리로다

'하나님의 나라가 너희 안에 있다'는 말씀은 예수가 존재하는 공간, 예수와 함께 있는 사람들 가운데 하나님의 나라가 임재해 있다는 말이다. 예수를 모신 곳이 하나님의 나라이다.

예수가 말 못하게 하는 귀신을 쫓아내자 사람들은 예수가 귀신의 왕 바알세불을 힘입어 귀신을 쫓아냈다고 조롱하였다. 그때 예수는 그들에게 "내가 만일 하나님의 손을 힘입어 귀신을 쫓아낸다면 하나님의 나라가 이미 너희에게 임하였느니라"(눅 11:20)고 선언하였다. 예수가 마귀를 제어하면서 현존하는 이 세상은 이미 하나님의 나라가 이루어진 것이다. 예수는 마귀의 일을 멸하기 위하여 이 땅에 나타나셨다(요일 3:8).

마귀 권세를 이기며 예수 그리스도의 복음으로 충만한 세상이 하나님의 나라를 이루는 것이다.

"시온의 딸아 크게 기뻐할지어다 예루살렘의 딸아 즐거이 부를지어다 보라 네 왕이 네게 임하시나니 그는 공의로우시며 구원을 베푸시며 겸손하여서 나귀를 타시나니 나귀의 작은 것 곧 나귀 새끼니라 내가 에브라임의 병거와 예루살렘의 말을 끊겠고 전쟁하는 활도 끊으리니 그가 이방 사람에게 화평을 전할 것이요 그의 통치는 바다에서 바다까지 이르고 유브라데 강에서 땅 끝까지 이르리라"(슥 9:9-10)는 스가랴의 예언과 같이 예수가 마귀를 제어하고 통치하는 땅은 현존하는 하나님의 나라가 되는 것이다.

예수는 현존하는 하나님 나라뿐 아니라 종말론적인 영원한 하나님의 나라의 복음을 전하셨다.

예수는 부자 청년 관리가 찾아와 "내가 무엇을 하여야 영생을 얻으리이까"(눅 18:18)라고 질문하였을 때 "네게 있는 것을 다 팔아 가난한 자들에게 나눠 주라 그리하면 하늘에서 네게 보화가 있으리라"(눅 18:22)고 하셨다. 예수는 영원한 생명이 하나님과 함께 있는 하나님의 나라의 복음을 전하였다. 하나님의 나라는 노아의 때와 같이, 롯의 때와 같이 예고 없이 이를 것을 말하고 있다.

예수는 "너희는 스스로 조심하라 그렇지 않으면 방탕함과 술 취함과 생활의 염려로 마음이 둔하여지고 뜻밖에 그날이 덫과 같이 너희에게 임하리라 이날은 온 지구상에 거하는 모든 사람에게 임하리라"(눅 21:34-35)고 하셨다.

예수는 하나님의 나라의 모습을 그의 제자 요한에게 환상으로 보여주셨다.

계 22:1-5 "또 그가 수정같이 맑은 생명수의 강을 내게 보이니 하나님과 및 어린양의 보좌로부터 나와서 길 가운데로 흐르더라 강 좌우에 생명나무가 있어 열두 가지 열매를 맺되 달마다 그 열매를 맺고 그 나무 잎사귀들은 만국을 치료하기 위하여 있더라 다시 저주가 없으며 하나님과 그 어린양의 보좌가 그 가운데에 있으리니 그의 종들이 그를 섬기며 그의 얼굴을 볼 터이요 그의 이름도 그들의 이마에 있으리라 다시 밤이 없겠고 등불과 햇빛이 쓸데없으니 이는 주 하나님이 그들에게 비치심이라 그들이 세세토록 왕 노릇 하리로다."

영원한 하나님 나라에 들어가는 조건은 회개이다.

하나님 나라는 이 나라를 소망하고 자기의 허물과 잘못을 뉘우치고 새 삶을 살려는 자들의 것이다. 하나님 나라는 악한 마음과 행실을 뉘우치고 돌아서서 하나님의 복음을 받아들이고 믿고 새 삶을 사는 자들이 들어갈 수 있는 곳이다.

예수는 "내가 의인을 부르러 온 것이 아니요 죄인을 불러 회개시키러 왔노라"(눅 5:32)고 하셨다. 회개는 천국에 이르는 조건이기 때문이다. 예수는 "사람이 물과 성령으로 나지 아니하면 하나님의 나라에 들어갈 수 없느니라"(요 3:5)고 하셨다.

하나님의 나라에는 면류관이 있다.

사도 바울은 "나는 선한 싸움을 싸우고 나의 달려갈 길을 마치고 믿음을 지켰으니 이제 후로는 나를 위하여 의의 면류관이 예비되었으므로 주 곧 의로우신 재판장이 그날에 내게 주실 것이며 내게만 아니라 주의 나타나심을 사모하는 모든 자에게도니라"(딤후 4:7-8)고 하였다. 예수를 믿는 자들이 이 땅에서 고난을 겪고 박해를 당하여도 그들의 걸음을 멈추지 않는 것은 하나님의 나라를 향한 걸음이기 때문이다.

사도 야고보는 "시험을 참는 자는 복이 있나니 이는 시련을 견디어 낸 자가 주께서 자기를 사랑하는 자들에게 약속하신 생명의 면류관을 얻을 것이기 때문이라"(약 1:12)고 하였다.

하늘로 승천하신 예수는 "내가 속히 오리니 네가 가진 것을 굳게 잡아 아무도 네 면류관을 빼앗지 못하게 하라"(계 3:11)고 하셨다.

선교는 하나님의 나라를 선포하는 것이다. 예수를 믿음으로 사람의 마음에 하나님의 나라를 세우는 일이다. 예수의 이름을 부르는 자들의 공동체가 하나님의 나라가 되도록 하고, 하나님의 영원한 나라에 이르도록 인도하는 사명이다.

3) 예수의 비전

사도와 제사장으로 이 땅에 보내심을 받으신 하나님의 아들 예수는 제자들에게 두 가지 큰일을 명령하셨다. 첫 번째는 땅 끝까지 복음을 전하라는 것이고, 두 번째는 서로 사랑하라는 것이다. 땅 끝까지 복음을 전하는 일은 가장 위대한 사명인 '대위임령'(The Great Commission)이고, 서로 사랑하는 것은 '가장 큰 계명'(The Great Commandment)이다. 예수의 이 큰 명령은 예수를 구주로 삼은 그리스도인들에 의해 성취되어야 할 예수의 비전이다.

복음을 전파하라.

'하나님의 나라 복음 전파'는 잃어버린 자를 찾아가는 것이다.

예수는 제자들을 보내시며 "이방인의 길로도 가지 말고 사마리아인의 고을에도 들어가지 말고 오히려 이스라엘 집의 잃어버린 양에게로 가라"(마 10:5-6)고 하시고, "나를 보내신 이의 뜻은 내게 주신 자 중에 내가 하나도 잃어버리지 아니하고 마지막 날에 다시 살리는 이것이니라"(요 6:39)고 말씀하셨다.

에스겔 선지자는 "내가 친히 내 양의 목자가 되어 그것들을 누워 있게 할지라 주 여호와의 말씀이니라 그 잃어버린 자를 내가 찾으며 쫓기는 자를 내가 돌아오게 하며 상한 자를 내가 싸매 주며 병든 자를 내가 강하게 하려니와 살진 자와 강한 자는 내가 없애고 정의대로 그것들을 먹이리라"(겔 34:15-16)는 하나님의 마음을 전달하였다.

하나님께서 '잃어버린 자', '쫓기는 자', '상한 자', '병든 자'들에게 마음을 두신 것처럼, 아들 예수도 그들에게 관심이 있었다.

예수는 잃어버린 자들을 찾는 심정을 "어떤 사람이 양 백 마리가 있는데 그중의 하나를 잃으면 아흔아홉 마리를 들에 두고 그 잃은 것을 찾아내기까지 찾아다니지 아니하겠느냐 또 찾아낸즉 즐거워 어깨에 메고 집에 와서 그 벗과 이웃을 불러 모으고 말하되 나와 함께 즐기자 나의 잃은 양을 찾아내었노라 하리라"(눅 15:4-6; 마 18:12-14)는 비유로 말씀하셨다.

옥에 갇혀 있던 세례 요한이 두 제자를 예수께 보냈을 때 "너희가 가서 보고 들은 것을 요한에게 알리되 맹인이 보며 못 걷는 사람이

걸으며 나병 환자가 깨끗함을 받으며 귀먹은 사람이 들으며 죽은 자가 살아나며 가난한 자에게 복음이 전파된다 하라"(눅 7:22)고 하셨다.

서기관들과 바리새인들이 예수를 시험하기 위해 간음하다가 현장에서 잡힌 여인을 끌고 왔다. 율법에는 이런 자를 돌로 치라고 하였는데, 어떻게 하는 것이 옳은지를 묻는다. 예수는 그들에게 "너희 중에 죄 없는 자가 먼저 돌로 치라"고 하자 한 사람 한 사람 돌을 내려놓고 돌아가고 여인만 남았다.

예수는 생과 사의 갈림길, 그 절박한 자리에 내몰려 있던 여인에게 "너를 정죄하지 아니하노니 가서 다시는 죄를 범하지 말라"고 하셨다(요 8:3-11).

예수는 사마리아 성을 찾아가 완전히 망가진 인생을 살며 사람들에게 버려진 한 여인에게 복음을 전하셨다(요 5:1-19). 예수는 약한 자와 소외된 자, 병든 자들에게 긍휼한 마음으로 다가갔고(눅 9:11), 배고픈 자들을 먹이기를 원하셨다(눅 9:12-17).

예수가 갈릴리 가버나움 지방에서 말씀을 가르치시며 귀신을 쫓아내고 병든 사람을 고쳐 주자 사람들이 몰려와 예수를 그 마을에서 떠나지 못하게 하였다. 그러나 예수는 "내가 다른 동네들에서도 하나님의 나라 복음을 전하여야 하리니 나는 이 일을 위해 보내심을 받았노라"(눅 4:43-44) 하시고 그곳을 떠나 갈릴리의 여러 회당에서 말씀을 전하셨다.

예수는 어둠 속에 살아가는 사람들에게 하나님 나라의 복음을 전하고 가르치기에 열중하셨다. 사가랴 제사장이 "돋는 해가 위로부터 우리에게 임하여 어둠과 죽음의 그늘에 앉은 자에게 비치고 우리 발을 평강의 길로 인도하시리로다"(눅 1:78-79)라고 한 예언을 이루신 것이다.

예수는 유대의 각 지역과 도시와 마을의 복음 전파를 조직적이고 전략적으로 진행하셨다. 70인의 제자들을 각 동네와 각 지역으로 파송하면서 "추수할 것은 많되 일꾼이 적으니 그러므로 추수하는 주인에게 청하여 추수할 일꾼들을 보내 주소서 하라"(눅 10:2)고 하셨다. 예수는 복음을 전할 많은 일꾼이 필요한 것을 제자들에게 알게 하시고 제자들을 훈련하셨다.

예수는 "천국 복음이 모든 민족에게 증언되기 위하여 온 세상에 전파되리니 그제야 끝이 오리라"(마 24:14)고 하시며, 제자들을 훈련하여 땅 끝 선교를 준비하셨다.

또한 세계 복음화의 비전을 갖고 "너희는 가서 모든 민족을 제자로 삼아 아버지와 아들과 성령의 이름으로 세례를 베풀고 내가 너희에게 분부한 모든 것을 가르쳐 지키게 하라"(마 28:19-20)고 하셨다.

그 예수의 비전이 우리의 비전이 되어야 한다. 예수는 "일찍이 죽임을 당하사 각 족속과 방언과 백성과 나라 가운데에서 사람들을 피로 사서 하나님께 드리"셨다(계 5:9).

서로 사랑하라.

바리새인과 헤롯 당원들이 예수를 찾아와 송사할 만한 허물을 찾기 위해 논쟁을 벌였다. 예수가 그들의 질문에 막힘이 없는 모습을 보고 서기관 한 사람이 예수에게 "모든 계명 중에 첫째가 무엇입니까?"라고 물었다. 예수는 그에게 "첫째는 이것이니 이스라엘아 들으라 주 곧 우리 하나님은 유일한 주시라 네 마음을 다하고 목숨을 다하고 뜻을 다하고 힘을 다하여 주 너의 하나님을 사랑하라 하신 것이요 둘째는 이것이니 네 이웃을 네 자신과 같이 사랑하라 하신 것이라 이보다 더 큰 계명이 없느니라"(막 12:29-31)고 하셨다.

예수는 "새 계명을 너희에게 주노니 서로 사랑하라 내가 너희를 사랑한 것같이 너희도 서로 사랑하라 너희가 서로 사랑하면 이로써 모든 사람이 너희가 내 제자인 줄 알리라"(요 13:34-35)고 하셨다.

예수의 이런 말씀에 대하여 바울은 "피차 사랑의 빚 외에는 아무에게든지 아무 빚도 지지 말라 남을 사랑하는 자는 율법을 다 이루었느니라 간음하지 말라, 살인하지 말라, 도둑질하지 말라, 탐내지 말라 한 것과 그 외에 다른 계명이 있을지라도 네 이웃을 네 자신과 같이 사랑하라 하신 그 말씀 가운데 다 들었느니라 사랑은 이웃에게 악을 행하지 아니하나니 그러므로 사랑은 율법의 완성이니라"(롬 13:8-10)고 하였다.

바리새인과 제사장들은 예수를 율법의 파괴자로 몰아갔지만, 오히려 예수는 "내가 율법이나 선지자를 폐하러 온 줄로 생각하지 말라 폐하러 온 것이 아니요 완전하게 하려 함이라"(마 5:17)고 하셨다. 예수는 십자가에 달려 죽으심으로 사랑을 실천하셨고 율법을 완성하신 것이다.

사랑은 가장 큰 계명이다. 예수가 십자가에서 그의 사랑을 실천한 것같이 우리도 서로 사랑하여 하나님의 나라를 이루는 비전을 우리에게 주셨다.

사도 베드로는 "너희가 진리를 순종함으로 너희 영혼을 깨끗하게 하여 거짓이 없이 형제를 사랑하기에 이르렀으니 마음으로 뜨겁게 서로 사랑하라"(벧전 1:22)고 하였다.

2.

열두 사도의 복음 전파

하나님의 나라 복음을 전하는 예수를 많은 제자들이 따라다녔다. 예수는 그의 제자들 중 70인을 훈련하고 유대 땅 동네마다 보내 복음을 전하게 하셨다. 그리고 어느 날 열두 명의 제자를 '사도'라는 직분으로 구별하여 부르셨다.

> **눅 6:12-16** "이때에 예수께서 기도하시러 산으로 가사 밤이 새도록 하나님께 기도하시고 밝으매 그 제자들을 부르사 그중에서 열둘을 택하여 사도라 칭하셨으니 곧 베드로라고도 이름을 주신 시몬과 그의 동생 안드레와 야고보와 요한과 빌립과 바돌로매와 마태와 도마와 알패오의 아들 야고보와 셀롯이라는 시몬과 야고보의 아들 유다와 예수를 파는 자 될 가룟 유다라."

세례 요한과 예수가 하나님의 보내심을 받은 것같이 사도들은 예수의 보내심을 받은 자들이다. 예수는 제자들을 보내면서 "아버지께서 나를 보내신 것같이 나도 너희를 보내노라"(요 20:21)고 하셨다. 예수는 열두 명의 제자를 양육하는 데 집중하여, 그들과 함께 생활하며 하나님의 나라를 가르치고 전도하는 법을 가르쳤다.

세례 요한이 말한 대로 제자들은 예수의 이름으로 성령과 불로 세례를 받은 사람들이다. 예수가 약속한 성령이 그들에게 임하자 그들은 완전히 변화된 삶을 살았다.

예수는 "오직 성령이 너희에게 임하시면 너희가 권능을 받고 예루살렘과 온 유대와 사마리아와 땅 끝까지 이르러 내 증인이 되리라"(행 1:8)고 하셨는데, 오순절 날 다락방에 모여 기도하는 성도들에게 성령을 보내 주셨다.

사도들의 복음 전파가 시작되었다. 그들은 고난의 불세례를 통해 사도의 직무를 감당했다. 예수가 열두 제자를 어떻게 훈련하였는지를 생각하고, 사도들이 전한 복음의 핵심이 무엇이었는지 살펴보자.

1) 사도의 선택과 훈련

예수는 그를 따르던 많은 제자 중에서 열둘을 택하여 사도라는 직분을 맡기셨다. 그들은 세상으로 흩어져 나가 말씀을 가르치며 교회를 세우는 역할을 했다.

예수는 열두 제자를 양육하셨는데, 예수의 멘토링 기법을 마태복음의 내용에서 6C로 요약하여 간단히 소개한다. 선교사는 책상 훈련으로 양성될 수 없다. 선교의 경험이 많은 선교사들의 현장 멘토링을 통하여 능력 있는 선교사들이 양육될 수 있을 것이다. 예수의 제자 훈련, 멘토링 방법을 적용해 보자.

예수의 멘토링 기법(6C)

Contents of mentoring(사역의 내용과 목적을 보이심)

예수는 제자들과 함께 다니면서 하나님 나라의 복음을 전하셨다. 제자들은 예수가 전하는 복음을 깊이 배울 수 있었다. 제자들은 예수가 병든 자들을 고치고 귀신을 쫓아내는 광경을 현장에서 경험하였다(마 5-9장).

Coaching Skills(코칭해 주심)

예수는 제자들에게 더러운 귀신을 쫓아내며, 모든 병과 모든 악한 것을 고치는 능력을 주시고 각 지역 동네로 보내셨다. 예수는 "내가 너희를 보냄이 어린양을 이리 가운데로 보냄과 같도다"(눅 10:3)라고 하시며 여러 가지 행동 요령을 코칭해 주셨다. 마태복음 10장은 제자들을 보내면서 어떻게 해야 할 것을 가르치는 지침서이다.

Counseling Life(일대일 상담으로 양육하심)

제자들이 궁금한 일들을 질문하기 시작했다. 예수는 제자들이 질문하도록 유도하고 상세하게 대답해 주시면서 상담으로 제자들을 양육하셨다. 이런 개인적인 상담 시간을 통해 제자들은 예수를 더 깊이 알게 되었다. 예수는 상담을 통해 제자들에게 하나님의 나라에 대해 가르쳐 주셨다.

Capability Building(역량을 키워 주심)

예수는 아직 준비되지 못한 제자들이지만, 그들에게 사역을 맡김으로 그들의 역량을 키워 주셨다. 예수의 말씀을 듣기 위해 빈 들에 모인 군중들이 먹을 것이 없을 때 예수는 열두 제자들의 손에 보리떡 다섯 개와 물고기 두 마리를 나누어 주면서 기적을 행하게 하셨다. 제자들은 그들의 손으로 기적이 펼쳐지는 것을 경험하면서 역량이 커져 갔다.

Correcting Mistake(실패의 원인을 분석하고 교정해 주심)

예수는 제자들이 사역에 실패했을 때에 그 실패를 책망하지 않고 실패의 원인을 말해 주셨다. 제자들은 예수로부터 귀신을 쫓는 능력을 받았으면서도 귀신 들린 아이의 아버지가 아이를 그들에게 데려왔을 때 귀신을 쫓아내지 못했다. 실패의 이유를 묻는 제자들에게 "너희 믿음이 작은 까닭"이라고 원인을 말하고 교정해 주셨다.

Crucified Himself(십자가로 섬김과 희생의 본이 되심)

제자들은 선생이 행한 만큼 행할 수 있다. 예수는 하나님 나라의 확장을 위하여 십자가에 달려 죽음을 거부하지 않으셨다. 예수의 십자가 처형을 목격한 제자들은 모두 순교하기까지 복음 전파의 사명을 포기하지 않았다.

예수는 이렇게 3년 동안 제자들을 멘토링 하였다. 그럼에도 불구하고 예수가 십자가에 처형되자 두려움에 싸인 제자들은 그들의 생업으로 돌아갔다. 예수는 부활하신 후 40일 동안 제자들을 찾아다니며 만나 주셨다. 부활하신 예수를 만난 제자들의 모습이 사도행전에서는 완전히 변화되었다. 예수는 40일 동안 제자들을 찾아다니며 그들에게 어떤 교훈을 주셨는지 살펴보자.

예수의 교훈
첫째, 예수는 제자들에게 성경을 풀어 가르치시며 제자들의 마음을 뜨겁게 하셨다(눅 24:1-32; 막 16:12-13).

예수는 엠마오로 가는 두 제자에게 나타나 자신의 죽음과 부활이 성경에 기록되어 있는 것을 자세히 풀어 가르치셨다. 엠마오에 도착한 두 제자가 그제서야 그가 예수인 것을 깨닫고, 그 밤에 예루살렘으로 다시 돌아가며 "길에서 우리에게 말씀하시고 우리에게 성경을 풀어 주실 때에 우리 속에서 마음이 뜨겁지 아니하더냐"(눅 24:32)고 하였다. 주님의 말씀을 듣고 제자들의 마음이 뜨거워진 것이다. 부활한 예수를 만나는 것은 말씀이 가슴을 뜨겁게 하는 것이다.

둘째, 예수는 제자들에게 "너희에게 평강이 있을지어다"라고 말씀하셨다.

엠마오로 가던 두 제자가 예루살렘으로 돌아가 열한 사도와 많은 제자들에게 예수를 만난 사실을 전할 때 예수가 그들에게 나타나

"평강이 있을지어다"라고 말씀하셨다(눅 24:36). 이 장면은 요한복음으로 이어진다. 제자들이 두려워하며 모여 있는 곳에 예수가 나타나 "너희에게 평강이 있을지어다" 하시며 손과 옆구리를 보여주셨다. 각자의 두려운 마음에 평강을 주시는 말씀이다.

그리고 재차 예수는 "너희에게 평강이 있을지어다 아버지께서 나를 보내신 것같이 나도 너희를 보내노라"(요 20:19, 21)고 하셨다. 이제 복음을 전하기 위해 제자들 사이에 평강이 있어야 한다는 교훈이다.

셋째, 예수는 제자들에게 "성령을 받으라"(요 20:22)고 말씀하셨다.

사도행전에서 예수는 "오직 성령이 너희에게 임하시면 너희가 권능을 받고 예루살렘과 온 유대와 사마리아와 땅 끝까지 이르러 내 증인이 되리라"(행 1:8)고 하셨다. 선교는 성령의 사역이기 때문에 복음을 전하는 자들은 성령이 충만해야 한다. 오순절 다락방에 성령의 강림으로 교회에 부흥이 일어났다.

넷째, 예수는 용서에 대하여 가르치셨다(요 20:23).

"너희가 누구의 죄든지 사하면 사하여질 것이요 누구의 죄든지 그대로 두면 그대로 있으리라 하시니라"(요 20:23)는 용서에 대한 교훈을 주신 것이다. 예수의 이름으로 죄 용서함의 복음을 전하는 사도가 되기 위해서는 예수가 십자가에서 우리를 용서하신 것처럼 용서의 삶을 실천해야 함을 가르쳐 주신다.

다섯째, 예수는 "보지 못하고 믿는 자들은 복되도다"(요 20:29)라고 가르치셨다.

예수가 나타나시던 날 자리에 없었던 도마는 다른 제자들의 말을 믿지 못하고 "내가 그의 손의 못 자국을 보며 내 손가락을 그 못 자국에 넣으며 내 손을 그 옆구리에 넣어 보지 않고는 믿지 아니하겠노라"(요 20:25)고 하였다. 여드레 후에 다시 나타난 예수는 도마에게 "네 손가락을 이리 내밀어 내 손을 보고 네 손을 내밀어 내 옆구리에 넣어 보라 그리하여 믿음 없는 자가 되지 말고 믿는 자가 되라"(요 20:27)고 하셨다.

사도들이 고난의 길을 갈 수 있었던 것은 믿음이 있었기 때문이다.

여섯째, 예수는 제자들에게 "내 양을 치라"고 당부하셨다.

예수가 십자가에 처형되자 두려움에 떨던 제자들이 생계를 위하여 다시 생업으로 돌아가 어부가 되었다. 제자들이 밤새 고기잡이에 나섰지만 아무것도 잡지 못해 허탈에 빠져 있던 그 아침에 예수가 나타나셨다. 고기 잡으러 간 베드로에게 예수는 "네가 나를 사랑하느냐"라고 세 번이나 물으시고 "내 어린양을 먹이라"(요 21:15), "내 양을 치라"(요 12:16), "내 양을 먹이라"(요 12:7)고 당부하신다. 예수는 베드로에게 세 번이나 "네가 나를 사랑하느냐?"라고 반문하셨다. 주님의 양을 먹이고 치는 사명은 주님을 사랑해야만 감당할 수 있기 때문이다.

일곱째, 예수는 "복음을 전하라"고 부탁하셨다.

마가복음에서는 "너희는 온 천하에 다니며 만민에게 복음을 전파하라"(막 16:15)고 기록하였고, 마태복음에서는 "너희는 가서 모든 민족을 제자로 삼아 아버지와 아들과 성령의 이름으로 세례를 베풀고 내가 너희에게 분부한 모든 것을 가르쳐 지키게 하라 볼지어다 내가 세상 끝날까지 너희와 항상 함께 있으리라 하시니라"(마 28:19-20)고 기록하였다.

사도행전에서는 "오직 성령이 너희에게 임하시면 너희가 권능을 받고 예루살렘과 온 유대와 사마리아와 땅 끝까지 이르러 내 증인이 되리라 하시니라"(행 1:8) 하며 제자들에게 복음 전파의 사명을 남기셨음을 말해 주고 있다. 복음 전파의 사명, 선교의 사명은 예수가 제자들에게 당부한 가장 위대한 사명이다.

2) 사도가 전한 복음의 핵심

예수가 승천하시고, 제자들은 예루살렘으로 돌아가 마가의 다락방에 모여 기도에 힘썼다. 오순절 날이 되어 불의 혀같이 갈라지는 것들이 각 사람 위에 하나씩 임하여 그들이 성령이 충만해지자 각자 다른 방언을 말하는 신비로운 성령 체험을 하였다. 예수가 승천하시면서 "요한은 물로 세례를 베풀었으나 너희는 몇 날이 못 되어 성령으로 세례를 받으리라"(행 1:5)고 하신 말씀이 실현된 것이다.

그때 각 나라에서 예루살렘에 와서 머물던 사람들은 제자들이 자신들의 언어로 말하는 것을 알아듣고 놀라며, 그중에서 어떤 사람들은 이들이 술에 취했다고 조롱하였다(행 2:1-13).

베드로가 성령이 충만하여 일어나 그들을 향해 설교했다. 베드로의 설교를 듣고 그날에 회개하고 예수의 이름으로 세례를 받은 자의 수가 3천 명이나 되었다.

베드로와 요한이 성전 미문에 앉아 구걸하던 앉은뱅이를 고치자 많은 사람들이 솔로몬 행각으로 몰려왔다. 솔로몬의 행각에서 베드로의 설교를 듣고 믿는 자의 수가 5천 명이나 더하게 되었다(행 4:4). 이렇게 많은 사람들을 주님께로 인도한 능력 있는 베드로의 설교의 핵심 내용을 찾아보자.

첫째, '예수의 부활'을 전하였다.

베드로는 "나사렛 예수를 그들이 법 없는 자들의 손을 빌려 못 박아 죽였으나 하나님께서 그를 사망의 고통에서 풀어 살리셨다"고 전했다(행 2:23-24). 예수의 죽음과 부활은 복음의 핵심이다.

예수 부활의 목격자였던 사도들은 예수 부활의 증인으로 준비되어 있었다. 베드로가 가룟 유다를 대신할 사도 선출을 제안하면서 "우리와 더불어 예수께서 부활하심을 증언할 사람이 되게 하여야 하리라"(행 1:22)고 하였다. 사도들의 가르침의 핵심은 '예수의 부활'이었다. 부활이 사망을 이긴 것이다. 예수가 무덤에 머물러 있었다면 우리의 신앙은 죽은 신앙이다.

예수는 사망을 이기고 부활하셨다. 이사야 선지자는 "사망을 영원히 멸하실 것이라 주 여호와께서 모든 얼굴에서 눈물을 씻기시며 자기 백성의 수치를 온 천하에서 제하시리라"(사 25:8)고 예언하였다. 사도 바울은 디모데에게 보내는 편지에서 "그는 사망을 폐하시고 복음으로써 생명과 썩지 아니할 것을 드러내신지라"(딤후 1:10)고 하였다. 예수의 부활을 증거하는 것은 그가 생명인 것을 전하는 것이다.

예수는 "나는 부활이요 생명이니 나를 믿는 자는 죽어도 살겠고 무릇 살아서 나를 믿는 자는 영원히 죽지 아니하리라"(요 11:25-25)고 하셨다. 사도 요한은 "내가 진실로 진실로 너희에게 이르노니 내 말을 듣고 또 나 보내신 이를 믿는 자는 영생을 얻었고 심판에 이르지 아니하나니 사망에서 생명으로 옮겼느니라"(요 5:24)고 하였다.

사도 요한은 "태초부터 있는 생명의 말씀에 관하여는 우리가 들은 바요 눈으로 본 바요 자세히 보고 우리의 손으로 만진 바라 이 생명이 나타내신 바 된지라 이 영원한 생명을 우리가 보았고 증언하여 너희에게 전하노니 이는 아버지와 함께 계시다가 우리에게 나타내신 바 된 이시니라"(요일 1:1-2)고 하며 예수가 그 생명이라고 하였다.

바울은 "한 사람의 범죄로 말미암아 사망이 그 한 사람을 통하여 왕 노릇 하였은즉 더욱 은혜와 의의 선물을 넘치게 받는 자들은 한 분 예수 그리스도를 통하여 생명 안에서 왕 노릇 하리로다"(롬 5:17)고 하였다.

둘째, '예수는 그리스도'라고 전하였다.

베드로는 세계 각처에서 모여온 거룩한 유대인들에게 "너희가 십자가에 못 박은 이 예수를 하나님이 주와 그리스도가 되게 하셨느니라"(행 2:36)고 하였다. 유대인들에게는 충격적인 말이 아닐 수 없다. 예수가 탄생할 때 목자들에게 나타난 천사들이 "너희를 위하여 구주가 나셨으니 곧 그리스도 주시니라"(눅 2:11)고 말해 주었다. 베드로는 "주는 그리스도시요 살아 계신 하나님의 아들이시니이다"(마 16:16)라고 고백하였었다.

예수가 그리스도라는 것은 제사장으로 오셨다는 말이다. 제사장의 역할은 백성들이 하나님께 죄 사함을 받을 수 있도록 제사를 드리는 것이었다(히 9:22). 그러나 예수는 자신이 스스로 제물이 되어 그 피로 말미암아 단번의 제사를 드려 영원토록 백성들의 죄를 사하신 그리스도이시다(히 10:11-12).

예수가 그리스도라는 것은 왕으로 오셨다는 것이다. 예수 그리스도가 왕으로 오신 것은 자기 백성들을 다스린다는 것이다. 예수의 통치가 세상에 펼쳐지는 것을 말한다.

또 예수가 그리스도라는 것은 선지자로 오셨다는 말이다. 선지자는 하나님의 뜻을 전달하기 위해 보내심을 받은 자이다. 예수는 우리에게 하나님의 나라의 복음을 전하기 위해 오셨기 때문이다.

사도들은 그들이 날마다 성전에 있든지 집에 있든지 '예수는 그리스도'라고 가르치기와 전도하기를 그치지 아니하였다(행 5:42).

셋째, '예수의 이름'을 믿으라고 전하였다.

제사장들은 베드로와 사도들의 능력 행함을 질투하여 그들을 붙잡아 심문하면서 성전 미문의 앉은뱅이를 어떻게 고쳤는지 묻는다. 베드로는 "그 이름을 믿으므로 그 이름이 너희가 보고 아는 이 사람을 성하게 하였나니 예수로 말미암아 난 믿음이 너희 모든 사람 앞에서 이같이 완전히 낫게 하였느니라"(행 3:16)고 담대하게 말하였다. 사도들은 예수의 이름으로 능력을 행하도록 기도하였다(행 4:29-30).

예수의 이름은 인간이 하나님 앞에 나아가 기도할 수 있는 통로이다. 예수는 "내 이름으로 아버지께 무엇을 구하든지 다 받게 하려 함이라"(요 15:16, 14:13-14)고 하였다. 사도들은 옥에 갇히고 공회에 끌려가 심문을 당하고 예수의 이름을 전하지 못하도록 협박을 당하지만 "그 이름을 위하여 능욕 받는 일에 합당한 자로 여기심을 기뻐하였다"(행 5:41).

넷째, '회개하고 성령을 받으라'고 전하였다.

베드로는 그의 설교를 듣고 마음에 찔려 어찌할 바를 묻는 유대인들에게 "너희가 회개하여 각각 예수 그리스도의 이름으로 세례를 받고 죄 사함을 받으라 그리하면 성령의 선물을 받으리니 이 약속은 너희와 너희 자녀와 모든 먼 데 사람 곧 주 우리 하나님이 얼마든지 부르시는 자들에게 하신 것이라"(행 2:38-39)고 하였다. 여기서 베드로는 회개하고, 그리스도 이름으로 세례, 죄 사함, 성령을 받으라고 말하고 있다.

행 2:42-47 "그들이 사도의 가르침을 받아 서로 교제하고 떡을 떼며 오로지 기도하기를 힘쓰니라 사람마다 두려워하는데 사도들로 말미암아 기사와 표적이 많이 나타나니 믿는 사람이 다 함께 있어 모든 물건을 서로 통용하고 또 재산과 소유를 팔아 각 사람의 필요를 따라 나눠 주며 날마다 마음을 같이하여 성전에 모이기를 힘쓰고 집에서 떡을 떼며 기쁨과 순전한 마음으로 음식을 먹고 하나님을 찬미하며 또 온 백성에게 칭송을 받으니 주께서 구원 받는 사람을 날마다 더하게 하시니라."

베드로의 설교를 듣고 회개하고 성령을 받은 성도들의 생활 모습이 사도행전에 기록되어 있다. 이것이 진정으로 회개하고 성령 받은 사람들, 공동체의 모습이다.

다섯째, **"패역한 세대에서 구원을 받으라"**(행 2:40)고 **전하였다.**

복음 전파의 궁극적인 목적은 영혼을 구원하는 것이다. 그 구원의 성취를 위해 예수가 세상에 오셨고, 하나님의 나라 복음이 전파되기 시작하였다. 구원은 우리가 원수의 손에서 건지심을 받고 종신토록 주의 앞에서 성결과 의로 두려움이 없이 섬기게 하려는 것이다(눅 1:74-75).

예수는 이 땅에 오셔서 죽으심과 사망 권세를 이기심으로 원수 마귀에게 속박되어 있던 사람을 풀어 주셨다. 사도 요한은 "죄를 짓는 자는 마귀에게 속하나니 마귀는 처음부터 범죄함이라 하나님의 아들이 나타나신 것은 마귀의 일을 멸하려 하심이라"(요일 3:8)고 하였다.

종말론적으로 오는 마지막 날의 심판에서 구원하실 이름은 예수밖에 없다. 사도들은 예수의 이름에 구원이 있다고 했다. "다른 이로써는 구원을 받을 수 없나니 천하 사람 중에 구원을 받을 만한 다른 이름을 우리에게 주신 일이 없음이라"(행 4:12)는 신앙고백이었다. 궁극적으로 사도들의 복음 전파는 예수가 전한 하나님의 나라를 어떻게 쟁취할 수 있는가를 가르친 것이다.

3) 사도의 직무

예수가 승천하신 모습을 보고 예루살렘으로 돌아간 제자들은 다락방에 모여 기도에 집중하였다. 베드로, 요한, 야고보, 안드레와 빌립, 도마와 바돌로매, 마태와 및 알패오의 아들 야고보, 셀롯인 시몬, 야고보의 아들 유다, 그리고 여자들과 예수의 어머니 마리아와 예수의 아우들이 모여 더불어 마음을 같이하여 오로지 기도에 힘썼다(행 1:13-14).

이때 베드로가 가롯 유다를 대신할 사도를 선택해야 한다고 말하였다. 베드로는 시편의 말씀(시 109편)을 인용하여 유다의 직분을 타인이 취할 것(행 1:20)이라고 하면서 맛디아를 사도 중 한 사람으로 선출하였다.

베드로는 사도를 '예수께서 부활하심을 증언할 사람', '봉사 및 사도의 직무를 대신할 자'라고 하였다.

봉사의 직무

베드로는 사도들에게는 봉사의 직무가 있다고 말한다.

예수는 제자들을 훈련하면서 "나는 마음이 온유하고 겸손하니 나의 멍에를 메고 내게 배우라"(마 11:29)고 가르치셨다. 서로 높아지려는 욕심으로 갈등하던 제자들에게 "인자가 온 것은 섬김을 받으려 함이 아니라 도리어 섬기려 하고 자기 목숨을 많은 사람의 대속물로 주려 함이니라"(마 20:28)고 가르쳤다.

사도들은 온유와 겸손으로 섬기는 자로 훈련되어 있어 봉사하는 일을 그들의 직무라고 여겼다.

병든 자들을 고침

성령 충만한 사도들에게서 병 고침의 능력이 나타나기 시작했다. 베드로와 요한이 성전 미문에 앉아 있던 앉은뱅이를 고치자 삽시간에 소문이 퍼져 나갔다. 사도들은 예수가 행하셨던 것처럼 귀신 들린 자와 병든 자들을 돌보는 일에 많은 시간을 보내야만 했다.

복음이 전파되면서 예루살렘 근처에 거주하는 많은 병자들이 예루살렘에 몰려와 사도들의 돌봄을 요청하였다. 누가는 "심지어 병든 사람을 메고 거리에 나가 침대와 요 위에 누이고 베드로가 지날 때에 혹 그의 그림자라도 누구에게 덮일까 바라고 예루살렘 부근의 수많은 사람들도 모여 병든 사람과 더러운 귀신에게 괴로움 받는 사람을 데리고 와서 다 나음을 얻으니라"(행 5:15-16)고 기록하고 있다.

가난한 자들을 보살핌

예루살렘 교회에는 구원받는 사람들의 숫자가 증가하였다. 그들은 한마음과 한뜻이 되어 자기의 재물을 나누며, 많은 사람들이 밭과 집을 팔아 사도들에게 가져왔다(행 4:32-37).

사도들은 재정을 관리하고 과부들을 구제하는 봉사의 직무를 감당해야만 했다. 사도들에게는 과중한 직무가 아닐 수 없었다. 그때 헬라파 유대인들이 자기의 과부들이 매일의 구제에 빠지므로 히브리파 사람을 원망하는 일이 발생했다. 그 많은 무리들을 모두 잘 보살필 수가 없어 과부들 구제의 직무를 일곱 집사를 선택하여 맡겼다.

교회를 돌봄

스데반이 순교하자 예루살렘 교회에 큰 박해가 일어났다. 사도들을 제외한 모든 제자들이 흩어져 그들이 가는 곳마다 복음을 전하는 일이 일어났다.

일곱 집사 중 한 사람이었던 빌립이 사마리아에 내려가 전도하니 무리가 빌립의 말도 듣고 행하는 표적도 보며 그를 따랐다. 많은 사람에게 붙었던 더러운 귀신들이 크게 소리를 지르며 나가고 많은 중풍병자와 못 걷는 사람이 나으니 그 성에 큰 기쁨이 있었다(행 8:6-8).

예루살렘 교회가 베드로와 요한을 사마리아로 보내 예수의 이름으로 세례 받은 이들을 위해 기도하니 성령이 임하는 일이 일어났다. 사도들은 이제 예루살렘과 유대를 벗어나 사마리아에 세워진 교회를 돌아보아야 했다. 안디옥에 교회가 세워지자 바나바를 파송하여 교회를 돌보게 하였다. 사도들은 교회를 세우고 그 교회를 돌보는 봉사의 직무를 감당하였다. 자칭 사도들이 세상에 나가 이상한 말을 전하고 다니며, 교회를 어지럽히는 것으로부터 교회를 보호해야 했다.

기도와 말씀 사역

사도들은 과부들의 구제 문제로 불평하는 일이 일어나자 일곱 집사를 선출하여 식탁 섬기는 일은 집사들에게 위임하였다. 사도들은 제자들을 불러 "우리가 하나님의 말씀을 제쳐 놓고 접대를 일삼는 것이 마땅하지 아니하니 형제들아 너희 가운데서 성령과 지혜가 충만하여 칭찬 받는 사람 일곱을 택하라 우리가 이 일을 그들에게 맡기고 우리는 오로지 기도하는 일과 말씀 사역에 힘쓰리라"(행 6:2-4)고 하였다.

사도의 직무를 감당하는 데 가장 중요한 일은 기도하는 일과 말씀 사역인 것을 알 수 있다.

기도하는 일

초대교회는 기도하는 교회였다. 헤롯이 야고보를 처형한 후 유대인들이 좋아하는 모습을 보고 다시 베드로를 죽이려고 작정하고 옥에 가두었다. 온 교회가 베드로를 위하여 기도하였다. 베드로가 처형되기 전날 밤 천사가 나타나 베드로에게 일어나라고 하니, 그의 손을 묶었던 쇠사슬이 풀어지고 철문이 저절로 열려 감옥을 벗어나는 능력을 경험하였다(행 12:1-12). 기도할 때 두려움을 이기는 담대함을 얻고, 손발을 묶고 있는 쇠사슬을 풀어내는 힘이 있는 것이다.

기도는 예수의 고난에 동참하는 것이다. 겟세마네에서 십자가 고난을 앞에 두고 제자들에게 기도를 당부하신 것처럼 기도는 예수의 고난에 동참하는 거룩한 사명이다.

예수는 사도들에게 말씀하셨다. "내가 진실로 진실로 너희에게 이르노니 나를 믿는 자는 내가 하는 일을 그도 할 것이요 또한 그보다 큰일도 하리니 이는 내가 아버지께로 감이라 너희가 내 이름으로 무엇을 구하든지 내가 행하리니 이는 아버지로 하여금 아들로 말미암아 영광을 받으시게 하려 함이라 내 이름으로 무엇이든지 내게 구하면 내가 행하리라"(요 14:12-14)는 약속이었다.

사도들은 예수의 이름으로 구하는 일을 그치지 않음으로 능력을 행하는 삶을 살았다.

예수는 "너희가 나를 택한 것이 아니요 내가 너희를 택하여 세웠나니 이는 너희로 가서 열매를 맺게 하고 또 너희 열매가 항상 있게 하여 내 이름으로 아버지께 무엇을 구하든지 다 받게 하려 함이라"(요 15:16)고 하셨다.

기도는 하나님과의 은밀한 만남이며(마 6:6), 주님의 임재를 경험하는 시간(마 18:20)이다. 사도들은 그들의 사명을 감당하기 위해 하나님과의 만남과 예수의 임재를 사모하였다.

말씀 사역

예수는 "너희가 성경에서 영생을 얻는 줄 생각하고 성경을 연구하거니와 이 성경이 곧 내게 대하여 증언하는 것이니라"(요 5:39)고 하였다. 사도들은 날마다 성전에 있든지 집에 있든지 성경을 통해 예수가 그리스도인 것을 가르치고 전하였다(행 5:42).

사도 바울은 디모데에게 보내는 편지에서 "성경은 능히 너로 하여금 그리스도 예수 안에 있는 믿음으로 말미암아 구원에 이르는 지혜가 있게 하느니라 모든 성경은 하나님의 감동으로 된 것으로 교훈과 책망과 바르게 함과 의로 교육하기에 유익"(딤후 3:15-16)하다고 하였다.

성경 말씀은 성령으로 감동된 하나님의 말씀이기 때문에 생명력이 있다. 히브리서 기자는 "하나님의 말씀은 살아 있고 활력이 있어 좌우에 날 선 어떤 검보다도 예리하여 혼과 영과 및 관절과 골수를 찔러 쪼개기까지 하며 또 마음의 생각과 뜻을 판단"(히 4:12)한다고 하였다.

사도들에 의해 하나님의 말씀이 점점 왕성하여 예루살렘에 있는 제자의 수가 더 심히 많아지고 허다한 제사장의 무리도 이 도에 복종하였다(행 6:7). 안디옥 교회에서는 바나바와 사울이 1년간 모여 큰 무리를 가르쳤는데 이때 비로소 제자들이 그리스도인이라 불리게 되었다(행 11:26).

사도 바울

교회를 박해하던 사울은 다메섹으로 가는 길에 예수의 음성을 듣고 회심하여 복음을 전하는 사도가 되었다. 예수는 바울에게 이방인 전도의 사명을 맡기기 위하여 특별한 방법으로 그를 부르셨다. 사울은 예수와 함께 생활하며 교육을 받은 것이 아니라, 예수의 영이 그를 부르시고 계시로서 그에게 복음을 깨닫게 하신 것이다.

그러나 베드로는 사도의 자격 조건을 "요한의 세례로부터 우리 가운데서 올려져 가신 날까지 주 예수께서 우리 가운데 출입하실 때에 항상 우리와 함께 다니던 사람"(행 1:21-22)이라고 하였다. 따라서 바울은 사도의 자격 요건에 맞지 않는다는 이유로 사도권에 대한 부정으로 아주 힘들게 사역했던 것이 분명하다.

유대인들에게 예수의 부활을 전하기 위해서는 율법에 능통한 사도가 필요했다. 더욱이 이방인들에게 복음을 전하기 위해서는 헬라의 문화와 철학에 능한 학식과 지혜를 가진 사도가 필요했다.

바울은 로마 점령지의 도시 중 하나였던 다소에서 출생하였다. 많은 헬라 철학자를 배출한 도시에서 자랐기 때문에 헬라 문화와 철학을 자연스럽게 접할 수 있었다. 그리고 그는 예루살렘의 가말리엘 문하에서 수학한 바리새파로 촉망받는 젊은이가 되었다.

바울은 율법과 선지자의 시대에서 복음 전파의 시대로 전환되는 중대한 시기에 유대인들에게 예수의 부활하심과 그가 그리스도이심을 설득할 수 있는 학문과 논리를 갖춘 특별한 사람으로 선택되었다. 바울은 "주께서 이같이 우리에게 명하시되 내가 너를 이방의 빛으로 삼아 너로 땅 끝까지 구원하게 하리라 하셨느니라"(행 13:47)고 고백하였다.

그는 회심한 후에 "주 예수의 이름으로 담대히 말하고 헬라파 유대인들과 함께 말하며 변론"(행 9:29)하기를 멈추지 않았다. 바울은 "회당에서는 유대인과 경건한 사람들과 또 장터에서는 날마다 만나는 사람들과 변론하니 어떤 에피쿠로스와 스토아 철학자들도 바울과 쟁론할새 어떤 사람은 이르되 이 말쟁이가 무슨 말을 하고자 하느냐 하고 어떤 사람은 이르되 이방 신들을 전하는 사람인가 보다 하니 이는 바울이 예수와 부활을 전하기 때문이러라"(행 17:17-18)는 모습으로 가는 곳마다 유대인과 헬라 철학에 맞서 '주는 그리스도'라고 가르치는 삶을 살았다.

바울은 인간의 상상을 초월하는 열정으로 소아시아를 넘어 마게도냐와 로마에 이르기까지 그의 걸음으로 복음을 전했다. 3차에 이르는 바울의 전도여행, 그리고 로마로 호송되는 선박의 좌초로 겪는 그의 선교여행 기록이 사도행전에 기록되어 있다.

바울은 사도행전에 이어지는 신약성경의 집필자로 교회의 초석이 되었다. 선교사가 되기 위해서 바울의 삶을 깊이 살펴보고 그의 삶과 정신을 본받아야 할 것이다.

1) 다소 사람 사울

사울은 다소라는 도시에서 출생했다. 그는 스스로 "나는 유대인으로 길리기아 다소에서 났고 이 성에서 자라 가말리엘의 문하에서 우리 조상들의 율법의 엄한 교훈을 받았고, 오늘 너희 모든 사람처럼 하나님께 대하여 열심이 있는 자라"(행 22:3)고 자신을 소개했다.

다소는 로마제국의 동서를 연결하는 무역도시였으며, 학문과 군사 중심지였다. 많은 철학자를 배출하였고, 경제적인 부를 누리던 도시였다. 로마시대에는 유명한 키케로가 총독으로 지낼 만큼 중요한 문화도시였다. 지중해 연안 도시로 바다가 인접해 있고 강과 높은 산맥이 펼쳐져 있는 아름다움이 뛰어난 도시였다.

바울은 "나는 유대인이라 소읍이 아닌 길리기아 다소 시의 시민"(행 21:39)이라며 다소라는 큰 도시에서 태어난 로마 시민으로서의 자부심이 있었다.

안티오커스 4세 에피파네스(주전 175~163년)는 다소를 헬라의 자치 도시로 만들고, 유대인을 이주시켜 동등한 시민권을 부여하였다. 그리고 로마시대의 아우구스투스는 다소 시민들에게 로마의 시민권을 주었다는데 아마 사울의 아버지도 이때 시민권을 받았을 것이라고 추측한다. 사울이 유대인이면서도 폭넓은 세계관과 높은 학식을 갖출 수 있었던 것은 다소라는 특수한 도시 환경의 영향을 받았을 것이다.

사울은 유대교의 바리새파 가정에서 출생하였다. 그는 어려서부터 토라를 열심히 공부하고 시편을 암송하며, 유대인들의 기도법을 배웠다. 어린 사울에게 유대인들이 지키는 장막절이 흥미로웠을 것이다. 어린아이가 장막에 거하는 동안 조상들이 어떻게 광야에서 살았는지, 하나님이 어떻게 그들을 도왔는지를 배웠다. 특히, 유월절에는 그들의 조상을 하나님이 어떻게 노예의 자리에서 구해냈는지 배우며 성장하였다. 사울은 철저하게 유대인의 규례를 지키며 성장하였다.

그의 부모는 사울이 유대교의 지도자가 되기를 바라며 예루살렘으로 보내 가말리엘 문하에서 율법의 엄한 교훈을 받게 하였다. 어린 사울은 8일 만에 할례를 받았고 바리새파의 가르침에 열심 있는 자이며(행 22:3), 청결한 양심으로 선조 때부터 섬기던 하나님을 섬겼다(딤후 1:3).

그는 베냐민 지파요 율법으로는 바리새인이요 열심으로는 교회를 선두에서 핍박하던 사람이니 바리새인의 입장에서 볼 때에는 결점이 없는 사람이었다(빌 3:5-6). 그는 조상의 유전에 대하여 더욱 열심이었다(갈 1:14).

제사장들은 젊은 사울의 열정을 높이 평가하여 예수 이단 무리를 체포하는 권한을 위임하는 공문을 써 주었다. 그는 일곱 집사 중 하나였던 스데반을 돌로 쳐 죽이는 사람들의 증인이 되었다.

그런 사울이 예수의 제자들을 잡으려고 다메섹으로 가던 길에 예수를 만나고 예수의 부활과 그가 그리스도인 것을 믿게 되었다. 회심한 그는 즉시 '예수는 하나님의 아들'(행 9:20)이며, '그리스도'(행 9:22)라고 전하여 성내 사람들을 놀라게 했다. 그런 사울에게 분개한 유대인들이 다메섹에서 그를 죽이려고 하므로 제자들이 그를 광주리에 달아 내려 도망하게 하였다.

사울은 회심한 후 3년 동안 가족도 찾지 않고, 예루살렘에도 가지 않고, 아라비아 광야에서 지내다가 예루살렘으로 갔다. 사울은 "그의 아들을 이방에 전하기 위하여 그를 내 속에 나타내시기를 기뻐하셨을 때에 내가 곧 혈육과 의논하지 아니하고 또 나보다 먼저 사도 된 자들을 만나려고 예루살렘으로 가지 아니하고 아라비아로 갔다가 다시 다메섹으로 돌아갔노라 그 후 삼 년 만에 내가 게바를 방문하려고 예루살렘에 올라가서 그와 함께 십오 일을 머무는 동안 주의 형제 야고보 외에 다른 사도들을 보지 못하였노라"(갈 1:16-19)고 하였다.

사울은 회심한 지 3년이 지나서야 예루살렘으로 가서 사도들을 만나 보았다. 그가 예루살렘에서 전도를 시작하자 유대인들이 그를 죽이려고 하였다. 다른 제자들이 사울을 가이사랴를 거쳐 그의 고향 다소로 돌려보냈다(행 9:28-30).

그렇게 사울은 다시 고향으로 돌아온 것이다. 유년 시절 예루살렘 유학으로 고향을 떠났던 사울이 청년이 되어 돌아왔다. 그의 가족들은 사울이 유대교 바리새파의 큰 랍비가 되어 돌아오기를 기대했을 텐데, 그는 유대교가 이단으로 금지하는 예수의 제자가 되어 돌아온 것이다.

사울이 다소에서 지낸 세월을 어떻게 살았는지 기록은 없다. 학자들이 아라비아 3년과 다소에서의 10년, 사울의 잃어버린 세월에 대하여 여러 가지 의견을 제시한다. 어떤 학자들은 사울이 갔던 곳은 아라비아 광야가 아니라 아라비아의 나바티아(Nabatia) 왕국이라고 주장한다. 로마시대에 나바티아 왕국은 아라비아의 나바티아로 알려져 있었고, 요세푸스가 나바티아 왕국이 아라비아에 속해 있다고 증언했다는 것이다.

그리고 고린도후서에서 바울이 "다메섹에서 아레다 왕의 고관이 나를 잡으려고 다메섹 성을 지켰으나 나는 광주리를 타고 들창문으로 성벽을 내려가 그 손에서 벗어났노라"(고후 11:32-33)고 진술한 것으로 보아, 바울이 나바티아 왕국에서 전도하였으므로 아레다 왕의 미움을 받았을 것이라고 추측한다.

또 다른 해석은 사울이 시내 산이 있는 아라비아로 가서 주님의 음성을 듣는 시간을 가졌을 것이라는 견해다. 바울은 갈라디아에 보내는 편지에서 "하갈은 아라비아에 있는 시내 산으로서 지금 있는 예루살렘과 같은 곳"(갈 4:25)이라고 한 것을 미루어 보아, 그는 예루살렘으로 가지 않고 아라비아의 시내 산으로 갔을 것이라는 말이다. 아라비아에서 3년이라는 세월을 다 머물지 않았어도 이 3년의 기간에는 다메섹과 아라비아에서 하나님의 음성을 듣는 기간이었을 것이라는 추측이다.

청년 사울이 다메섹 도상에서 예수를 만나고 음성을 들었다고 해서 그가 복음을 전할 수 있도록 완전히 준비가 된 것은 아니었다. 예수는 열두 사도를 훈련하기 위해 육신으로 그들과 함께 3년 동안 생활하시면서 말씀을 가르치고 사도의 삶을 가르치셨다. 모세는 이스라엘을 이집트의 식민지로부터 구원하기 위하여 광야에 나가 40년간 훈련받았고, 예수도 광야에 나가 40일간 금식하였다.

사울이 사도로 쓰임 받기 위해서는 일정 기간의 깊은 영적 훈련이 필요했을 것은 분명하다. 사울의 훈련은 그를 고향 다소로 보내 전도 활동(갈 2:21)과 함께 말씀과 기도에 힘쓰도록 했던 것 같다. 고린도후서에서 바울은 직접 겪은 신비로운 체험을 이렇게 말한다.

고후 12:1-7 "무익하나마 내가 부득불 자랑하노니 주의 환상과 계시를 말하리라 내가 그리스도 안에 있는 한 사람을 아노니 그는 십사 년 전에 셋째 하늘에 이끌려 간 자라 (그가 몸 안에 있었는지 몸

밖에 있었는지 나는 모르거니와 하나님은 아시느니라) 내가 이런 사람을 아노니 (그가 몸 안에 있었는지 몸 밖에 있었는지 나는 모르거니와 하나님은 아시느니라) 그가 낙원으로 이끌려 가서 말로 표현할 수 없는 말을 들었으니 사람이 가히 이르지 못할 말이로다 내가 이런 사람을 위하여 자랑하겠으나 나를 위하여는 약한 것들 외에 자랑하지 아니하리라 내가 만일 자랑하고자 하여도 어리석은 자가 되지 아니할 것은 내가 참말을 함이라 그러나 누가 나를 보는 바와 내게 듣는 바에 지나치게 생각할까 두려워하여 그만두노라 여러 계시를 받은 것이 지극히 크므로 너무 자만하지 않게 하시려고 내 육체에 가시 곧 사탄의 사자를 주셨으니 이는 나를 쳐서 너무 자만하지 않게 하려 하심이라."

고린도후서가 A.D. 55년경에 쓰여졌다고 하면, 14년 전인 A.D. 41년은 바울이 다소에 머물던 시절이다. 사울이 바나바의 초청으로 안디옥에 간 것은 A.D. 45년으로 추정되기 때문이다. 사울은 다소에 머물면서 깊은 영적 체험과 계시가 있었던 것이 분명하다. 다소는 사울이 육신적으로 태어난 곳이었으며, 영적으로 완전히 거듭난 곳이다.

2) 바울의 부르심

바울은 아그립바 왕 앞에서 "나도 나사렛 예수의 이름을 대적하여 많은 일을 행하여야 될 줄 스스로 생각하고 예루살렘에서 이런 일을 행하여 대제사장들에게서 권한을 받아 가지고 많은 성도를 옥에 가두며 또 죽일 때에 내가 찬성 투표를 하였고 또 모든 회당에서 여러 번 형벌하여 강제로 모독하는 말을 하게 하고 그들에 대하여 심히 격분하여 외국 성에까지 가서 박해하였고 그 일로 대제사장들의 권한과 위임을 받고 다메섹으로 갔나이다'(행 26:9-12)라고 했다.

사울이 살기가 등등하여 예수의 제자들을 잡으려고 다메섹으로 가는 길에 하늘로부터 강렬한 빛이 그를 둘러 비추었다. 그가 땅에 엎드러졌는데 하늘에서는 "사울아, 사울아, 네가 어찌하여 나를 박해하느냐? 나는 네가 박해하는 예수라"라는 음성이 들려왔다.

사울은 같이 가던 사람들의 부축을 받아 다메섹으로 들어갔다. 그는 소경이 되어 사흘 동안 아무것도 먹지 못하고 있었다. 예수는 아나니아를 불러 '직가라는 거리로 가서 유다의 집에 머무는 사울에게 안수하여 그의 눈을 보게 하라'고 하신다. 예수는 "이 사람은 내 이름을 이방인과 임금들과 이스라엘 자손들에게 전하기 위하여 택한 나의 그릇이라"고 하며 "그가 내 이름을 위하여 얼마나 고난을 받아야 할 것을 내가 그에게 보이리라"고 하신다.

소경이 되었던 사울은 아나니아의 기도를 받고 다시 보게 되어 힘을 얻고 즉시로 다메섹에서 '예수는 그리스도'라고 증언하기 시작하였다(행 9:1-12).

로마의 대도시 다소에서 태어나 헬라 문화권에서 살았고, 로마제국의 시민이며, 예루살렘의 가말리엘 문하에서 학문을 배워 학식이 뛰어난 사울을 예수는 이방인을 위한 사도로 부르셨다. 예루살렘과 유대 지방, 그리고 사마리아를 넘어 확산되는 복음이 이제 헬라 문화권과 로마제국을 향해 나가야 할 때가 되어 사울을 부르신 것이다.

하나님이 일꾼을 부르실 때 순간적인 부르심이 아니라 미리 알고 택하신 사람들을 준비시키고 훈련하여 하나님의 때에 부르시는 것을 알 수 있다.

이스라엘을 구원하기 위하여 모세의 출생에서부터 하나님의 손길이 그와 함께하였다. 바구니에 담겨 떠내려가던 모세를 물에서 건져 바로의 궁궐에서 40년간 여러 가지 지혜와 학문을 배우게 하셨다. 광야에서는 40년간 목자의 생활을 통해 겸손하고 온유한 리더가 되도록 하셨다.

예레미야 선지자를 부르시면서 "내가 너를 모태에 짓기 전에 너를 알았고 네가 배에서 나오기 전에 너를 성별하였고 너를 여러 나라의 선지자로 세웠노라"(렘 1:2)고 하셨다.

이와 같이 사울은 이방인의 사도로 보내기 위해 미리 택정함을 받은 사람이었다. 사울은 그의 택하심에 대하여 "내 어머니의 태로부터 나를 택정하시고 그의 은혜로 나를 부르셨다"고 하였다(갈 1:15). 사울은 스스로 "예수 그리스도의 종 바울은 사도로 부르심을 받아 하나님이 복음을 위하여 택정함을 입었다"고 하였고(롬 1:1), "주께서 이같이 우리에게 명하시되 내가 너를 이방의 빛으로 삼아 너로 땅 끝까지 구원하게 하리라 하셨느니라"(행 13:47)고 고백하였다 바울이 사도 된 것은 어머니의 태로부터 택정되었고 하나님이 그의 삶을 지키시며 교육하고 훈련하셨음을 알 수 있다.

그러나 제자들은 다소 사람 사울이 사도로 부르심을 받았다는 것을 인정할 수 없었다. 베드로는, 사도는 "요한의 세례로부터 우리 가운데서 올려져 가신 날까지 주 예수께서 우리 가운데 출입하실 때에 항상 우리와 함께 다니던 사람"(행 1:21-22)이라고 했기 때문이다. 베드로의 생각이 예수의 생각이었는지는 알 수 없다. 베드로의 과거를 돌아가 보자.

예수가 예루살렘에 올라가 고난받고 죽임을 당하여 제3일에 살아나야 할 것을 말씀하실 때, 베드로는 예수를 붙들고 항변하며 그런 일이 미치지 않을 것이라고 한다. 이때 예수는 베드로를 향해 "사탄아 내 뒤로 물러가라 너는 나를 넘어지게 하는 자로다 네가 하나님의 일을 생각하지 아니하고 도리어 사람의 일을 생각하는도다"(마 16:23)라고 꾸중하였다.

베드로는 예수의 뜻을 깊이 성찰하지 못하고 그의 성급한 성격 때문에 앞서가는 경우가 많았다. 오순절 성령 강림으로 성령을 받기 전에 베드로는 서둘러 사도의 자격을 정하고 맛디아를 사도로 선출하였다. 베드로는 스스로 정한 사도의 기준 때문에 사울을 사도로 인정하기 어려웠을 것이다. 바울은 베드로가 정한 사도의 기준 때문에 그의 사역 기간 동안 치명적인 약점이 되어 고통을 겪었다.

바울은 그가 개척하고 설립한 고린도 교회 성도들에게 "내가 자유인이 아니냐 사도가 아니냐 예수 우리 주를 보지 못하였느냐 주 안에서 행한 나의 일이 너희가 아니냐 다른 사람들에게는 내가 사도가 아닐지라도 너희에게는 사도이니 나의 사도 됨을 주 안에서 인 친 것이 너희라"(고전 9:1-2)고 말할 정도로 이 문제는 심각했다.

사울은 다메섹으로 가는 길에서 분명한 예수의 음성을 들었고 예수는 계시로 그를 가르치셨다. 사도 바울은 갈라디아에 보내는 서신에서 "형제들아 내가 너희에게 알게 하노니 내가 전한 복음은 사람의 뜻을 따라 된 것이 아니니라 이는 내가 사람에게서 받은 것도 아니요 배운 것도 아니요 오직 예수 그리스도의 계시로 말미암은 것이라"(갈 1:11-12)고 하였다.

에베소에 보내는 편지에서는 "이러므로 그리스도 예수의 일로 너희 이방인을 위하여 갇힌 자 된 나 바울이 말하거니와 너희를 위하여 내게 주신 하나님의 그 은혜의 경륜을 너희가 들었을 터이니 곧 계시로 내게 비밀을 알게 하신 것은 내가 먼저 간단히 기록함과 같으니 그것을 읽으면 내가 그리스도의 비밀을 깨달은 것을 너희가 알 수 있으리라"(엡 3:1-4)고 하였다.

예수는 사울을 다른 사도들과는 다른 방법으로 부르셨다. 성령 시대에 복음 전파의 역사를 이어가기 위한 방법이었을 것이다. 사도는 복음 전파를 위해 예수로부터 보내심을 받은 자들인데 예수가 승천하신 후에도 사도의 직분은 계속 이어져 가야 한다. 예수는 사울을 부르시는 방법을 통해 성령 시대에 복음을 전할 사도를 부르시는 방법을 알게 하셨다.

사도 바울은 "그가 어떤 사람은 사도로, 어떤 사람은 선지자로, 어떤 사람은 복음 전하는 자로, 어떤 사람은 목사와 교사로 삼으셨으니 이는 성도를 온전하게 하여 봉사의 일을 하게 하며 그리스도의 몸을 세우려 하심이라"(엡 4:11-12)고 하였다. 그리스도의 몸인 교회를 세우기 위해 성령은 사도, 선지자, 복음 전하는 자, 목사와 교사를 세우신다는 것이다.

예루살렘 교회는 1차 전도여행을 마치고 돌아간 바울의 선교 보고를 듣고 비로소 그의 사도 됨을 인정하였다.

> 갈 2:6-9 "유력하다는 이들 중에 (본래 어떤 이들이든지 내게 상관이 없으며 하나님은 사람을 외모로 취하지 아니하시나니) 저 유력한 이들은 내게 의무를 더하여 준 것이 없고 도리어 그들은 내가 무할례자에게 복음 전함을 맡은 것이 베드로가 할례자에게 맡음과 같은 것을 보았고 베드로에게 역사하사 그를 할례자의 사도로 삼으신 이가 또한 내게 역사하사 나를 이방인의 사도로 삼으셨느니라 또 기둥 같이 여기는 야고보와 게바와 요한도 내게 주신 은혜를 알므로 나와 바나바에게 친교의 악수를 하였으니 우리는 이방인에게로, 그들은 할례자에게로 가게 하려 함이라."

3) 바울의 신학과 전도여행

예루살렘 교회에 박해가 일어나자 제자들이 각처로 흩어져 복음을 전했다. 안디옥이라는 도시에도 복음을 전했는데 헬라인들에게 복음이 전파되고 많은 사람들이 예수를 믿어 교회가 세워졌다(행 11:19-21). 예루살렘 교회는 이 소식을 듣고 바나바를 파송하여 교회를 지도하게 하였다. 바나바는 많은 헬라인들로 구성된 안디옥 교회를 위해 헬라 문화권에서 성장한 사울을 생각했다.

바나바는 오래 전에 다소로 간 사울을 찾아갔다. 그들은 안디옥에서 큰 무리를 가르쳤고, 안디옥 교회의 제자들은 그리스도인이라는 호칭을 얻게 되었다(행 11:25-26).

안디옥 교회는 말씀을 사모하는 교회였고, 기근으로 고생하는 유대에 사는 형제들을 위하여 힘닿는 대로 부조를 보내 구제하고, 금식하며 기도하는 교회였다. 그들이 금식하며 기도할 때에 성령이 "내가 불러 시키는 일을 위하여 바나바와 사울을 따로 세우라"(행 13:2)고 하셨다.

안디옥 교회는 성령이 지명한 두 사람을 위해 기도하고 파송함으로, 기독교 역사상 처음으로 교회가 선교사를 파송하게 되었다.

바울이 비시디아 안디옥에서 회당에 들어가 설교를 시작했다. 바울이 전하는 설교의 핵심은 "다윗의 후손에서 구주를 세우셨는데 그가 바로 예수라는 것"(행 13:23), "예수는 그리스도라는 것"(행 13:25), "하나님이 예수를 죽음에서 살리셨다는 것"(행 13:30), 그리고 "예수를 인하여 죄 사함을 얻는 것"(행 13:38)이었다.

특별히, 바울은 "모세의 율법으로 너희가 의롭다 하심을 얻지 못하던 모든 일에도 이 사람을 힘입어 믿는 자마다 의롭다 하심을 얻는 이것이라"(행 13:39)고 하였다. 이후로 바울이 전하는 복음의 핵심은 "의인은 믿음으로 말미암아 살리라"(롬 1:17; 갈 3:11; 히 10:38)는 것이었다. 모세의 율법으로 의롭게 되지 못한다는 말은 유대인들에게 자극이 될 수밖에 없었다.

할례에 대한 바울의 자세와 가르침은 분명했다. "무릇 표면적 유대인이 유대인이 아니요 표면적 육신의 할례가 할례가 아니니라 오직 이면적 유대인이 유대인이며 할례는 마음에 할지니 영에 있고 율법 조문에 있지 아니한 것이라 그 칭찬이 사람에게서가 아니요 다만 하나님에게서니라"(롬 2:28-29)고 하였다. "할례자도 믿음으로 말미암아 또한 무할례자도 믿음으로 말미암아 의롭다 하실 하나님은 한 분이시니라"(롬 3:30)고 하며 할례자나 무할례자나 믿음으로 의롭다 함을 얻는다고 하였다.

안디옥 교회에 할례에 관한 문제가 일어났다. 예루살렘에서 안디옥에 간 유대인들이 이방인에게 할례를 행하고 모세의 율법을 지키게 해야 한다고 하여(행 15:1, 5) 논쟁이 일어난 것이다. 이 문제로 바울은 예루살렘으로 가서 예루살렘 총회가 "성령과 우리는 이 요긴한 것들 외에는 아무 짐도 너희에게 지우지 아니하는 것이 옳은 줄 알았노니 우상의 제물과 피와 목매어 죽인 것과 음행을 멀리할지니라 이에 스스로 삼가면 잘되리라 평안함을 원하노라"(행 15:28-29)는 편지를 안디옥 교회에 보내어 할례 문제의 결론을 내렸다.

유대인들 사이에는 바울이 '할례를 행하지 말고 모세의 율법을 지키지 말라 한다'(행 21:21)는 소문이 퍼져서 바울을 죽이려는 위협이 계속되었다.

바울의 전도여행

누가는 세 차례에 걸친 바울의 전도여행과 바울이 로마 황제의 재판을 받기 위하여 로마로 가는 여정과 로마에서의 사역을 기록하고 있다. 바울은 이러한 여행을 통해 사람의 상상을 초월하는 열정과 헌신으로 세계의 역사를 바꾸어 놓았다.

1차 전도여행(행 14:1-28)

안디옥 교회는 금식하며 성령의 지시하심을 따라 바나바와 사울에게 안수하여 선교사로 파송하였다. 이때 바나바의 조카 마가 요한이 동행하였다. 그들은 바나바의 고향 구브로 섬을 선교여행의 첫 행선지로 선택했다. 구브로 섬에서 전도(행 13:4-12)를 마치고 사도행전의 저자 누가는 사울을 바울이라고 기록하기 시작한다.

소아시아 지방의 버가에 도착하자 마가 요한은 예루살렘으로 돌아가고(행 13:13), 바울과 바나바는 비시디아 아디옥(행 13:14-52), 이고니온(행 14:1-7), 루스드라와 더베(행 14:6-21)에서의 전도 사역을 마치고 다시 그들이 전도한 지역을 되돌아 성도들을 권면하고 안디옥으로 돌아왔다.

1차 여행지인 루스드라에서 바울은 돌에 맞아 죽은 줄로 알고 버려지는 일을 당했으나 디모데라는 귀한 아들과 같은 제자를 얻었다.

2차 전도여행(행 15:40-18:22)

바울과 바나바가 1차 전도여행을 마치고 돌아간 안디옥 교회에서 사역을 계속하던 중 바울은 바나바에게 2차 전도여행을 제안한다. 그러나 바나바는 1차 여행을 중도에 포기한 마가를 다시 데리고 가고자 했으나, 바울은 이를 거절해 둘은 심히 다투고 헤어졌다. 바나바는 마가와 함께 구브로 섬으로 떠났고, 바울은 실라와 함께 육로를 이용해 1차 여행지를 찾아갔다.

바울은 루스드라를 다시 방문(행 16:1-5)하여 디모데를 2차 여행에 동참시킨다. 그리고 아시아에서 전도를 막으시는 성령의 인도하심을 따라 마게도냐 지방으로 가서 빌립보(행 16:11-40), 데살로니가(행 17:1-9), 베뢰아(행 17:10-15), 아덴(행 17:16-34)에서 전도하고, 고린도에서는 1년 6개월 동안 장기 체류하며 전도(행 18:1-17)한 후에 에베소(행 18:18-23)와 가이사랴를 거쳐 안디옥 교회로 돌아갔다.

2차 전도여행 중 빌립보에서는 옥에 갇히는 어려움을 겪었지만, 그가 머문 곳마다 교회가 세워지는 역사가 있었다.

3차 전도여행(행 19:1-21:6)

바울의 3차 전도여행은 2차 여행에서 오래 머물지 못했던 에베소에서 사역을 시작한다(행 19장). 바울은 3년 동안 에베소에 머물며 전도하는데, 회당에서의 전도에 방해가 일어나자 두란노 서원을 세우고 2년 동안 매일 말씀을 강론하였다. 두란노 서원에서의 매일의 강론으로 아시아에 사는 유대인이나 헬라인이나 모두 주의 말씀을 듣게(행 19:10) 되었다. 바울을 통해 많은 이적이 일어났고, 마술사들이 예수를 믿고 그들의 책을 태워 버리는 일이 있었다.

그는 에베소를 떠나 마게도냐와 헬라 지역의 교회를 방문하고(행 20:1-6), 드로아를 거쳐(행 20:7-12), 밀레도에 도착하였다. 밀레도에서 바울은 성령의 감동으로 앞으로 그들을 다시 만날 수 없게 될 것이라는 고별 설교를 하고(행 20:13-38) 함께 기도하였다. 모인 자들이 크게 울며 바울의 목을 안고 입을 맞춘 뒤, 바울 일행은 배를 타고 예루살렘으로 향하였다. 바울 일행이 두로에 도착하였을 때 여러 제자들이 예루살렘행을 만류하였지만(행 21:1-6), 바울은 가이사랴의 빌립 집사 집에 유하다가 예루살렘으로 갔다(행 21:7-16).

로마로 가는 길

3차 여행에서 돌아오는 길에 여러 제자들이 예루살렘에 가면 구금되고 고통을 겪게 될 것이라고 만류하였지만 바울은 "여러분이 어찌하여 울어 내 마음을 상하게 하느냐 나는 주 예수의 이름을 위하여 결박 당할 뿐 아니라 예루살렘에서 죽을 것도 각오하였노라"(행 21:13)고 하고 예루살렘으로 올라갔다.

예루살렘에서 유대인들에게 잡혀 살해의 위협을 겪는 중에 천부장에게 구출된 바울은(행 21:18-23:35) 가이사랴 로마군 병영에 2년간 구금되어 있었다.

바울이 천부장에 의해 구함을 얻은 날 밤에 예수가 나타나 바울 곁에 서서 "담대하라 네가 예루살렘에서 나의 일을 증언한 것같이 로마에서도 증언하여야 하리라"(행 23:11)고 하였다.

바울은 예수의 뜻을 따르기 위해 그의 소송 문제를 황제에게 상소하여(행 24:1-26:32) 로마로 호송되었고(행 27:1-28:31), 가택 연금 상태에서 복음을 전한 것으로 사도행전에 기록되어 있다.

바울 서신

바울은 전도여행 중에도 천막 만드는 일을 하였고, 많은 날을 매를 맞고 옥에 갇혀 있는 삶을 살았다. 이런 상상할 수 없는 고난의 상황에서 바울은 신약성경의 전반인 서신을 기록하였다. 신약성경 27권 중 서신(Epistle)이 21권이다. 이 중에서 바울의 이름으로 기록된 서신이 13권이다.

바울 한 사람 이름으로 발신된 서신은 로마서, 갈라디아서, 에베소서, 디모데전서, 디모데후서, 디도서가 있다. 고린도후서, 골로새서, 빌립보서, 빌레몬서는 '바울과 디모데' 두 사람의 이름으로, 고린도전서는 '바울과 소스데네' 두 사람 이름으로 발신되었다. 데살로니가전서와 후서는 '바울과 실루아노와 디모데' 세 사람의 이름으로 기록된 편지이다.

건강한
공동체 **5**
세우기

2장

선교사

한국 교계에 선교사(Missionary)라는 직분이 혼잡하게 사용되고 있다. 선교사라는 직분은 성경에도 언급되어 있지 않고 교회의 직분이 아니기 때문에 더욱 애매하다.

그러나 선교사의 원래 의미는 문화가 다른 지역, 다른 나라에서 복음의 증인이 되는 자를 의미한다. 언어와 문화가 다른 국가나 문화권에서 복음을 전하고 교회를 설립하는 사람이다.

이 책에서 생각하는 선교사는 문화와 언어가 다른 타국에서 복음 전파 사역을 감당하는 이들이다. 직접적으로 복음을 전하며 교회를 세우거나, 교육이나 의료와 같은 간접적인 방법으로 사역을 감당하는 선교사를 말한다.

예수는 열두 제자에게 사도라는 직분을 주시고 선교라는 대위임령(마 28:19-20; 막 16:15-18)도 주셨다. 사도들의 대를 이어 복음을 전하고 교회를 세우는 자로 하나님이 어떻게 선교사를 부르시고 보내시는지를 생각한다.

여기서 선교사를 '부르심을 받은 사람', '보내심을 받은 사람', '떠나는 사람'이라는 세 가지 정체성으로 나누어 생각한다.

부르심을 받은 사람

복음 전파의 사명을 완수한 사도들은 주님의 부르심이 분명했던 사람들이다. 예수의 제자들은 육신적으로 만난 예수의 부르심을 받아 사도가 되었고, 순교하기까지 복음을 위해 살았다. 바울은 다메섹 도상에서 이방인의 사도로 주님의 부르심을 받았다. 따라서 선교사가 되기 위해서는 자신의 부르심이 분명해야 한다.

바울은 스스로 "예수 그리스도의 종 바울은 사도로 부르심을 받아 하나님의 복음을 위하여 택정함을 입었다"고 하였다(롬 1:1; 고전 1:1).

성령이 안디옥 교회에 "내가 불러 시키는 일을 위하여 바나바와 사울을 따로 세우라"(행 13:2)고 하였다. 여기서 '불러 시키는 일'을 소명이라고 정의하면 되겠다. 위대한 사명을 감당한 사람들은 그들의 부르심, 즉 소명이 무엇인지를 알았다. 그래서 자기의 부르심을 확인하는 과정을 거쳐야 하는 것이다. 여기서 소명을 확인하는 방법을 소개하였다.

선교사로 부르심을 받아 그 사명의 수행자로 살아가는 것은 하나님의 크신 은혜이다. 바울은 아들과 같은 제자 디모데에게 "하나님이 우리를 구원하사 거룩하신 소명으로 부르심은 우리의 행위대로 하심이 아니요 오직 자기의 뜻과 영원 전부터 그리스도 예수 안에서 우리에게 주신 은혜대로 하심이라"(딤후 1:9)고 하였다.

어느 기독교 출판사에서 오래전에 행한 설문조사에 따르면, 선교사가 된 동기가 '① 국내 사역이 불가능해서 ② 해외 거주 계기 마련하기 위해 ③ 명예를 위하여 ④ 물질의 혜택을 위하여'라는 순이었다고 하니 충격적이다.

선교사는 자기의 부르심에 대한 소명의식이 분명해야 사역에 집중하고 능력 있는 사역을 감당할 수 있다. 선교사로 사역하는 선교사들은 늘 자기의 소명을 자각해야 하고, 선교사의 길을 준비하는 사람들은 선교사로서의 소명의식을 분명히 하고 사역을 시작해야 한다.

1) 소명(召命)

'건강한 공동체 세우기 시리즈'의 네 번째 책 《하이어 콜링》에서 소명을 "이 땅에 살아가는 인간 각자에게 맡겨진 개인적 사명이다. 하나님은 각 사람을 특별한 목적으로 창조하시고 이 땅에 보냈다"라고 정의하였다.

그러면, 선교사의 소명이란 선교사 개인이 행해야 하는 사명으로의 부르심을 의미한다. 여기서 선교사의 소명에 대하여 생각해 보자.

소명은 부르심이다.

사도 바울은 "내 어머니의 태로부터 나를 택정하시고 그의 은혜로 나를 부르신 이"(갈 1:15)라고 말함으로 부르심에는 두 단계, 즉 택하심과 부르심이 있다는 것을 알 수 있다. 바울은 어머니의 모태에서 택정함을 받았고, 주님이 쓰실 때가 되어 부르심을 받았다. 예레미야를 부르신 하나님은 "내가 너를 모태에 짓기 전에 너를 알았고 네가 배에서 나오기 전에 너를 성별하였고 너를 여러 나라의 선지자로 세웠노라"(렘 1:5)고 하였다.

하나님은 사람을 부르실 때 그가 출생하기 전에 이미 그를 택하시고 구별하심을 알 수 있다. 하나님이 선교사를 태중에서 택하셨다면 그를 부르시기까지 그의 삶을 통해 그를 훈련하시고 준비시키신다.

바울은 다소에서 출생하여 헬라의 문화를 경험하고, 예루살렘에서 가말리엘의 문하에서 율법을 공부한 열정적인 바리새인이었다. 그는 교회를 핍박하던 자였지만 하나님은 그를 모태에서 택정하시고 때가 되어 다메섹으로 가는 길에서 부르신 것이다.

바울은 "사람들에게서 난 것도 아니요 사람으로 말미암은 것도 아니요 오직 예수 그리스도와 그를 죽은 자 가운데서 살리신 하나님 아버지로 말미암아 사도 된 바울"(갈 1:1)이라고 자신을 소개한다.

하나님은 선교사로 택한 사람의 성장 환경과 교육과 경험을 통해 그를 준비시키신다. 고기잡이 어부로 살아온 베드로를 부르시면서 예수는 "사람을 낚는 어부가 되리라"고 하였다. 베드로가 살면서 경험된 어부의 일을 사람을 낚는 일에 연관하신 것은 그의 경험이 그의 소명과 무관하지 않았다는 것이다.

선교사는 그의 성장과 교육 과정을 통해 쌓은 학식과 경험과 숙련된 기술 등이 선교지에서 아름답게 사용될 때 더욱 효과적으로 사명을 감당할 수 있다.

소명은 해야 할 일이다.

선교사의 소명은 하나님이 불러 시키시는 일, 즉 사명이다. 선교사의 사명은 복음 전파를 통해 하나님의 나라를 확장하는 일이다. 예수는 초라한 모습으로 나귀 새끼를 타고 예루살렘 성으로 입성하였지만 "그의 통치는 바다에서 바다까지 이르고 유브라데 강에서 땅 끝까지 이르리라"(슥 9:10)는 예언을 성취하는 것이 선교다.

선교사는 "주의 도를 땅 위에, 주의 구원을 모든 나라에게 알리소서 하나님이여 민족들이 주를 찬송하게 하시며 모든 민족들이 주를 찬송하게 하소서 온 백성은 기쁘고 즐겁게 노래할지니 주는 민족들을 공평히 심판하시며 땅 위의 나라들을 다스리실 것임이니이다"(시 67:2-4)라고 기도하는 심정으로 복음을 전하는 사람이다.

예수는 "너희는 가서 모든 민족을 제자로 삼아 아버지와 아들과 성령의 이름으로 세례를 베풀고 내가 너희에게 분부한 모든 것을 가르쳐 지키게 하라"(마 28:19-20)고 하셨다.

소명의 주체는 성령이시다.

안디옥 교회가 금식하며 기도하는데 성령의 음성이 들려왔다. "내가 불러 시키는 일을 위하여 바나바와 사울을 따로 세우라"는 음성이었다. 안디옥 교회는 금식하며 기도하고 두 사람에게 안수하여 선교사로 보냈다(행 13:2-3). 그러나 이어지는 말씀은 "두 사람이 성령의 보내심을 받아 실루기아에 내려가 거기서 배 타고 구브로에 가서"라고 하였다(행 13:4). 안디옥 교회가 바나바와 사울 두 사람에게 안수하여 보냈지만, 선교의 주체는 성령이라는 것을 알 수 있다.

교회는 하나님의 선교를 이루기 위해서 성령의 음성에 민감해야 한다. 교회가 성령을 앞서가며 성령의 일을 방해해서는 안 된다. 복잡한 인간 조직이 성령의 일을 더디게 해서도 안 된다. 사람의 생각이 앞서가는 교회는 성령의 일에 걸림돌이 된다.

교회는 파송한 선교사가 성령의 인도하심을 받을 수 있도록 기도해야 한다. 성령이 인도하심을 따라 행할 때 선교의 아름다운 열매를 맛볼 수 있는 것이다. 선교사는 성령이 자신을 통치하도록 자신을 내려놓아야 한다. 자기의 경험과 지식이 성령을 앞서 가지 않도록 주의하면서 그의 음성을 따라 사역하는 것이다.

소명은 가야 하는 곳이다.

성령은 가야 할 곳이 있어 소명자들을 부르신다. 바울이 가야 할 곳을 인도하신 이는 성령이었다.

바울은 아시아에서 말씀을 전하려고 했지만 성령이 전하지 못하게 하셨다. 바울 일행은 드로아에 가서 비두니아로 가려고 하는데, 성령이 허락하지 않으셨다. 그날 밤에 마게도냐 사람 하나가 마게도냐로 와서 도우라는 환상을 보고, 바울은 마게도냐에서 복음을 전하도록 성령이 그들을 보내는 것임을 깨닫고 마게도냐로 건너갔다(행 16:6-10).

그 결과 성령의 인도하심을 받은 바울의 마게도냐 전도로 세계의 역사가 바뀌는 큰 복음의 역사가 일어났다.

전도자 빌립은 가사로 내려가는 광야에 있는 길로 가라는 성령의 음성을 듣고 내려갔다. 그는 거기서 에티오피아 여왕 간다게의 국고 맡은 관리인 내시에게 복음을 전하는 기회를 얻었다(행 8:26-40).

선교사 각자에게는 그가 가야 할 곳이 있다. 바울과 같이 성령의 부르심을 받은 선교사라면, 그가 가야 할 곳 역시 성령이 인도하신다. 때로는 자신이 전혀 원치 않는 곳으로 보내시기도 한다. 성령의 인도하심을 따라갈 때 하나님의 선교를 이루어 갈 수 있다.

소명은 직분이다.

하나님은 사람을 부르시고 그가 일해야 할 직분 또는 자리를 정해 주신다. 선교는 팀워크로 이루어지는데 각자가 자기의 자리에서 충성스럽게 일할 때 선교는 아름답게 수행된다. 자기의 직분을 감사함으로 감당할 때 하나님의 선교가 평화롭게 진행되는 것이다.

사도 베드로는 "그러므로 형제들아 더욱 힘써 너희 부르심과 택하심을 굳게 하라 너희가 이것을 행한즉 언제든지 실족하지 아니하리라"(벧후 1:10)고 하였다. 자기의 직분에 만족하지 못하고 남과 비교할 때 갈등과 분열이 발생한다.

예수의 열두 제자들 중 세배대의 아들 야고보와 요한의 어머니가 예수를 찾아와 "나의 이 두 아들을 주의 나라에서 하나는 주의 우편에, 하나는 주의 좌편에 앉게 명하소서"(마 20:21) 하였다. 이것을 안 제자들이 요한과 야고보에 대하여 심히 분하게 여기는 일이 벌어진다.

자기의 자리에 감사하지 못하고 남들보다 높은 자리를 탐할 때 공동체에 갈등이 생길 수밖에 없다. 예수는 "긴 옷을 입고 다니는 것을 원하며 시장에서 문안 받는 것과 회당의 높은 자리와 잔치의 윗자리를 좋아하는 서기관들을 삼가라"(눅 20:46)고 권면하였다.

선교사로 부르심을 받은 자들은 자신을 부르신 그 자리, 그가 감당해야 하는 직분을 충성스럽게 감당하여 주님을 기쁘게 해야 한다. 오늘의 소명에 충실한 자들을 불러 더 높은 소명의 자리로 부르시는 것이다.

2) 소명의 확인

한국교회가 부흥기를 거치면서 선교에 대한 관심이 높아지고, 많은 교회가 선교적 교회를 지향하면서 기독교인들의 마음에 선교사로 헌신하겠다는 열정이 일어났다. "가든지 보내든지 하라"는 등 선교를 강조하는 메시지의 영향으로 한국교회 선교사의 숫자는 폭발적으로 증가했다. 한국의 경제가 선진국 수준으로 성장하면서 단기선교가 보편화되고 기독교인들의 선교에 대한 관심이 높다.

그런데 선교사로 부르신 소명에 대한 확인 없이 선교지에 뛰어들었다가 선교 현지에서 갈등하는 경우들이 있다. 이런 현상을 예방하기 위해 자신의 소명을 확인하는 방법을 한 번 생각해 보자.

관심과 갈등

선교의 소명이 있는 사람이라면 언제부터인가 선교에 관한 호기심이 커질 것이다. 하나님이 그를 선교사로 택하시고 그의 성장과 교육 과정을 통해 준비시키셨다면, 어느 때부터인가 부르심을 인식시키기 시작한다. 호기심은 지속적인 관심으로 확장되면서 서서히 내면에서 갈등으로 발전한다.

자신이 현재 하고 있는 일에 만족하지 못하고, 지속적으로 내면에 선교에 대한 관심이 일어난다. 다른 한편으로는 그것을 거부하는 마음이 있어 갈등으로 발전해 간다. 선교사가 되기로 결단하기에는 삶의 환경이 허락되지 않기 때문에 갈등하는 시간을 갖게 된다.

갈등은 부르심의 증거이다. 부르심이 없는 사람에게는 갈등이 있을 수 없기 때문이다. 소명이 없는 사람의 호기심과 관심은 시간이 가면 거기서 멈추지만, 소명이 있는 사람은 현실과 소명 사이에서 오랜 시간을 갈등할 수밖에 없다. 자기의 부르심이 확실하여 다른 일과 갈등하지 않는다면 더욱 좋겠다.

불쌍히 여기는 마음

선교사가 되는 동기는 영혼을 불쌍히 여기는 마음에서 시작된다. 예수는 목자 없는 양들을 보며 불쌍히 여기는 마음을 가지셨다.

> **마 9:36-38** "무리를 보시고 불쌍히 여기시니 이는 그들이 목자 없는 양과 같이 고생하며 기진함이라 이에 제자들에게 이르시되 추수할 것은 많되 일꾼이 적으니 그러므로 추수하는 주인에게 청하여 추수할 일꾼들을 보내 주소서 하라 하시니라."

선교사는 추수할 일꾼으로 부르심을 받은 자들이다. 방황하는 무리를 불쌍히 여기신 예수의 마음이 선교사의 마음을 사로잡는 것은 성령의 부르심이다.

예수는 배고픈 자들을 불쌍히 여기셨다. 예수의 말씀을 듣기 위해 빈들에 나간 무리가 먹을 것이 없어 주렸을 때 제자들을 불러 "내가 무리를 불쌍히 여기노라 그들이 나와 함께 있은 지 이미 사흘이매 먹을 것이 없도다 길에서 기진할까 하여 굶겨 보내지 못하겠노라"(마 15:32)고 하시고 "너희가 먹을 것을 주라"(눅 9:13)고 하셨다.

선교사로의 부르심은 먹지 못해 불쌍한 사람들을 볼 때 "너희가 먹을 것을 주라"고 하시는 주님의 음성이 들리는 것이다. 많은 사람들이 주님의 음성을 듣고 지나치지만 소명이 있는 자는 지나치지 못하고 반응한다. 많은 선교사들이 "너희가 먹을 것을 주라"는 내면의 음성을 듣고 헌신을 결단한 사람들이다.

병든 자들을 볼 때 불쌍한 마음을 갖는 것이 부르심이다. 예수는 먼 발치에서 소리 높여 자신들을 불쌍히 여겨 달라는 소경들을 불쌍히 여기시고 그들의 눈을 만져 보게 하였다(마 20:34). 세계 도처에서 많은 사람들이 소리 지르며 도와 달라고 하는데, 그들의 소리에 귀를 막을 수 없는 것은 주님이 그를 부르시는 소명이기 때문이다.

책임감

선교사로 부르심을 받는 것은 책임감을 갖는 것이다. 일시적인 감정의 변화가 아니라, 그것이 내가 꼭 해야만 하는 일이라는 책임감으로 다가올 때 소명이 되는 것이다. 복음을 듣지 못해 어둠 속에 죽어가는 영혼, 배고픈 사람들, 고난 가운데 있는 사람들의 부르짖음을 외면하지 않고 책임감으로 다가오는 것이 소명이다.

느헤미야는 예루살렘의 성벽이 무너져 있다는 소식을 듣고 성벽을 재건해야 한다는 책임감을 갖고 기도하였다. 예레미야 선지자가 "내가 다시는 여호와를 선포하지 아니하며 그의 이름으로 말하지 아니하리라 하면 나의 마음이 불붙는 것 같아서 골수에 사무치니 답답하여 견딜 수 없나이다"(렘 20:9)라고 한 것처럼, 선교의 소명은 거부하려고 해도 거부할 수 없는 뜨거운 책임감이다.

외적 부르심

소명은 외적으로도 확인할 수 있다. 부르심은 그를 잘 아는 다른 사람들에 의해 확인될 수 있다. 선교사는 선교사의 됨됨이가 되어 있어야 한다. 하나님이 어머니의 태중에서 선교사로 택하셨다면 그는 선교사로 준비되어 있어야 한다. 선교사가 복음을 전하면서 그만한 인격을 갖추지 못했다면 오히려 복음 전파에 걸림돌이 될 수밖에 없다.

선교사는 그가 사역하는 나라의 현지 사람들에게 선교사로 인정되어야 한다. 다른 나라, 언어와 문화와 피부색이 다른 사람들에게 복음을 전하는 일에 인격 문제로 지탄을 받는 사람은 선교사의 소명이 있다고 말할 수 없겠다.

바나바와 바울은 안디옥 교회의 사역을 통해 그들의 부르심이 외부인들로부터 인정되었다. 바나바와 바울 두 사도는 사역의 열매를 통해 그들의 부르심을 확인할 수 있었다. 주님이 원하시는 것은 열매이기 때문이다. 예수는 "너희가 열매를 많이 맺으면 내 아버지께서 영광을 받으실 것이요 너희는 내 제자가 되리라"(요 15:8)고 하셨다.

성령의 열매

선교사는 성령 충만의 증거가 있어야 하는데, 성령의 열매를 맺은 삶의 모습이다.

선교사의 품행은 "사랑과 희락과 화평과 오래 참음과 자비와 양선과 충성과 온유와 절제"(갈 5:22-23)와 같은 모습으로 나타나야 한다.

선교 사역을 감당할 수 있는 성령의 은사들이 외적으로 나타나야 한다. 선교는 자기의 힘으로 하는 것이 아니라 성령의 은사로 감당하는 것이다. 사도 바울은 "우리에게 주신 은혜대로 받은 은사가 각각 다르니 혹 예언이면 믿음의 분수대로, 혹 섬기는 일이면 섬기는 일로, 혹 가르치는 자면 가르치는 일로, 혹 위로하는 자면 위로하는 일로, 구제하는 자는 성실함으로, 다스리는 자는 부지런함으로, 긍휼을 베푸는 자는 즐거움으로 할 것이니라"(롬 12:6-8)고 하였다.

고린도전서에서는 "어떤 사람에게는 성령으로 말미암아 지혜의 말씀을, 어떤 사람에게는 같은 성령을 따라 지식의 말씀을, 다른 사람에게는 같은 성령으로 믿음을, 어떤 사람에게는 한 성령으로 병 고치는 은사를, 어떤 사람에게는 능력 행함을, 어떤 사람에게는 예언함을, 어떤 사람에게는 영들 분별함을, 다른 사람에게는 각종 방언 말함을, 어떤 사람에게는 방언들 통역함을 주시나니"(고전 12:8-10)라고 하였다. 성령의 은사로 자신의 부르심을 확인해 보라.

3) 소명의식

선교사는 소명의식이 분명해야 한다. 하나님이 자기를 불러 하게 하시는 일이 무엇인지 분명히 알아야 한다. 그 일을 왜 해야만 하는지 분명히 알 때 위대한 일을 성취할 수 있다.

소명이란 '해야 하는 일', '부르시는 곳', '부르시는 자리'를 의미한다.

분명한 소명의식으로 사역하는 선교사와 소명의식이 전혀 없는 선교사가 하는 일의 결과는 비교할 수도 없다.

요즘은 일반 직장에서도 소명의식에 대한 관심이 높다. 직장인이 자기가 맡은 일에 대한 소명의식이 그의 작업 능률에 막대한 영향을 미치기 때문이다. 한국교회는 교역자들의 소명감이 점차 낮아진다고 우려하고 있다. 선교지의 현실은 더욱 그렇다.

선교의 목적이 소명에 의한 것이 아니라, 도피성이거나 자기만족이거나 자녀들의 해외 교육이 동기가 될 때 선교는 무의미해진다. 선교사의 소명의식이 다시 한 번 강조되어야 할 때이다.

소명의식은 사명감이다.

소명의식은 선교사 자신이 어떤 일을 해야 하는지, 자신의 사명이 무엇인지를 바로 인식하는 것이다. 다른 선교사와 비교되지 않는 자신의 사명이 무엇인지 아는 것이 소명의식이다. 소명의식이 분명해야 자신의 가슴을 뛰게 하는 일에 최선을 다하는 삶을 살 수 있다.

소명의식, 즉 사명감이 분명한 선교사는 그 사명을 위해 생명도 아끼지 않는다. 소명의식이 분명할 때 비로소 사도 바울과 같이 "내가 달려갈 길과 주 예수께 받은 사명 곧 하나님의 은혜의 복음을 증언하는 일을 마치려 함에는 나의 생명조차 조금도 귀한 것으로 여기지 아니하노라"(행 20:24)고 선언할 수 있다.

자신이 하는 일을 직업이라는 관점에서 보면 그 일을 통한 물질적 보상에만 관심을 갖게 된다. 일은 그 자체가 목적이 아닌 자신에게 필요한 재원을 만드는 수단이라는 의식이다. 일을 경력으로 인식하는 사람은 일을 사회적 지위, 권력, 명성을 획득하는 수단으로 인식한다. 그러나 일을 소명으로 인식하는 사람에게 일의 의미는 금전적인 보상이나 사회적 지위나 명예 획득의 수단이 아니라, 그 일은 자신의 사명이다.

선교사가 자신이 하는 일을 물질적 보상을 받기 위한 직업이나 또는 자기의 명성이나 사회적 지위를 얻는 경력의 수단으로 인식하는 것은 소명의식의 결여 때문이다. 예수의 사도들은 그들의 사명을 감당하기 위해 생명조차 조금도 귀하게 여기지 않은 사람들이었다.

소명의식은 가야 할 방향이다.

소명의식은 목표 지점을 향해 선교사의 길을 인도해 준다. 소명의식이 분명했던 사도 바울은 "형제들아 나는 아직 내가 잡은 줄로 여기지 아니하고 오직 한 일 즉 뒤에 있는 것은 잊어버리고 앞에 있는 것을 잡으려고 푯대를 향하여 그리스도 예수 안에서 하나님이 위에서 부르신 부름의 상을 위하여 달려가노라"(빌 3:13-14)고 하였다.

소명의식이 분명해야 자신이 가야 할 방향과 목표 지점을 알 수 있다. 소명의식은 목표를 향해 달려가는 길에 좌로나 우로나 치우치지 않게 지켜 주는 힘이다. 소명의식이 결여되면 목표물이 여기저기로 변동하기 때문에 그 어떤 목표물에도 도달할 수 없다.

소명의식이 결여된 선교사는 한 가지 사역을 끝까지 추진하지 못하고, 중간에 포기하고 또 다른 일을 시작하며 시간과 재원을 낭비한다.

소명의식은 비교하지 않는다.

소명의식이 없는 선교사는 자신과 다른 선교사를 비교하며 질투와 시기심으로 자기를 병들게 하고 다른 선교사들의 사역을 방해한다. 자기의 소명에 충실하지 않으면서 다른 선교사들을 비판하는 데 시간을 보내며 자신의 열정을 소모한다. 질투는 빈곤한 마음에서 시작되는 열등감의 결과라 하겠다. 그러나 소명감이 분명한 선교사는 어떠한 환경에서도 열등감으로 남과 자신을 비교하며 질투심에 빠지지 않는다.

사도 야고보는 "너희는 욕심을 내어도 얻지 못하여 살인하며 시기하여도 능히 취하지 못하므로 다투고 싸우는도다 너희가 얻지 못함은 구하지 아니하기 때문"(약 4:2)이라고 하였다. 시편 기자는 "악을 행하는 자들 때문에 불평하지 말며 불의를 행하는 자들을 시기하지 말지어다"(시 37:1)라고 하였다.

비교의식에 빠져 다른 선교사에 대하여 허물을 찾아 비판하기보다는 자신을 부르신 예수 앞에 나아가 기도하며 자기의 소명에 충실해야 한다.

소명의식은 열정이다.

소명의식이 분명해야 열정으로 사역을 감당할 수 있다. 선교사로 부르심을 받는 순간 마음이 뜨거워져야 한다. 열정이 없는 것은 소명의식이 부족하기 때문이다. 사람이 하나님의 손에 붙들려 사용되는 것보다 귀한 일은 없다. 그런 위대한 사명으로 부르심을 입었다면 열정으로 일해야 한다.

예수는 라오디게아 교회에게 "내가 네 행위를 아노니 네가 차지도 아니하고 뜨겁지도 아니하도다 네가 차든지 뜨겁든지 하기를 원하노라 네가 이같이 미지근하여 뜨겁지도 아니하고 차지도 아니하니 내 입에서 너를 토하여 버리리라"(계 3:15-16)고 하셨다. 선교사로 부르심을 받아 차지도 덥지도 않게 미지근한 자세로 사역한다면 열매를 얻을 수 없을 뿐 아니라, 그것은 주님이 가장 싫어하는 행위이다.

사도 바울은 고린도 교회에 "내가 하나님의 열심으로 너희를 위하여 열심을 내노니 내가 너희를 정결한 처녀로 한 남편인 그리스도께 드리려고 중매함이로다"(고후 11:1)라고 하였다. 바울이 사도로 부르심을 받아 사역한 열정 있는 모습이다.

에스겔서에는 "내가 이제 내 거룩한 이름을 위하여 열심을 내어 야곱의 사로잡힌 자를 돌아오게 하며 이스라엘 온 족속에게 사랑을 베풀지라"(겔 39:25)는 하나님의 열심이 기록되어 있다.

소명의식은 고난을 이긴다.

선교는 고난의 길이다. 예수의 이름을 전하기 위하여 부르심을 받은 사도들은 고난의 길을 걸었다. 그들은 고난에 굴하지 않고 그 고난을 이기고 순교로 승리하였다. 소명의식이 분명했던 까닭이다. 그들은 고난 당하는 것을 당연한 것으로 알았다.

바울은 "나는 이제 너희를 위하여 받는 괴로움을 기뻐하고 그리스도의 남은 고난을 그의 몸된 교회를 위하여 내 육체에 채우노라 내가 교회의 일꾼 된 것은 하나님이 너희를 위하여 내게 주신 직분을 따라 하나님의 말씀을 이루려 함이니라"(골 1:24-25)고 하였다. 그는 소명의식이 분명했기 때문에 "그리스도의 고난이 우리에게 넘친 것 같이 우리가 받는 위로도 그리스도로 말미암아 넘치는도다"(고후 1:5)라고 말할 수 있었다.

소명의식은 선교의 주체를 아는 것이다.

소명의식은 자신을 부르신 주체가 누구인가를 분명히 아는 것이다. 선교사는 예수의 복음을 전하기 위하여 성령의 부르심을 받은 자들이다. 성령의 부르심을 받은 선교사라는 정체성을 가질 때 비로소 높은 소명의식으로 위대한 사명을 감당할 수 있다.

선교는 성령님의 사역이다. 선교는 성령이 주체이고 선교사가 그 음성에 따라 성령이 하게 하시는 일을 감당하는 것이다. 바울은 가는 걸음걸음을 성령의 인도하심을 따라 행하였다.

2.

보내심을 받은 사람

예수는 제자들에게 추수할 일꾼이 얼마나 부족한지 그 현실을 보게 하시고 추수할 일꾼을 위하여 기도하라고 하셨다(눅 10:1-2). 우리는 지금 그 어느 때보다도 풍성한 추수할 곡식이 기다리는 시대를 살고 있다. 오늘의 사회 현상은 성경이 말한 마지막 때이다. 우리가 오늘 한 명의 영혼이라도 더 구원하기 위해 마지막 힘을 다해야 할 때이다.

사도 베드로는 "주의 약속은 어떤 이들이 더디다고 생각하는 것 같이 더딘 것이 아니라 오직 주께서는 너희를 대하여 오래 참으사 아무도 멸망하지 아니하고 다 회개하기에 이르기를 원하시느니라"(벧후 3:9)고 하였다.

주님은 "때와 시기는 아버지께서 자기의 권한에 두셨으니 너희가 알 바 아니요 오직 성령이 너희에게 임하시면 너희가 권능을 받고 예루살렘과 온 유대와 사마리아와 땅 끝까지 이르러 내 증인이 되리라"

(행 1:7-8)고 하셨다.

사도들은 복음 전파를 위해 보내심을 받은 사람들이다. 세례 요한도 보내심을 받았고(요 1:6, 3:28), 예수도 하나님의 나라 복음을 위하여 보내심을 받았다(눅 4:43). 사도들이 복음 전파의 일을 위해 예수의 보내심을 받은 것같이, 선교사는 복음을 전하기 위해 예수의 보내심을 받은 자들이다.

이 장에서는 보내심을 받았다는 뜻을 가진 사도(Apostle)와 선교사(Missionary)에 대하여 생각한다. 그리고 성령의 은사로 사도직을 수행하는 선교사의 의미와 하나님이 인간에게 부여한 인간의 4대 사명의 수행자로서 선교사를 생각하려고 한다.

1) 사도(Apostle)

사도(使徒)는 헬라어의 '사신', '사절'을 의미하는 '아포스톨로스'(ἀπόστολος)에서 유래하였다. 이 단어는 구약성경의 헬라어 번역본인 70인역에서 '파견된 자', '사자'라는 뜻의 히브리어 '샬리아'(שׁליח)를 번역한 단어로 사용되었다.

예수는 그의 제자들 중 열둘을 택하여 사도라고 칭하였다. 하지만 가룟 유다가 그리스도를 배반한 후 자살하여 사도직을 버리자, 제자들은 '예수가 활동하실 때 그들과 같이 있던 사람' 중 하나인 맛디아에게 사도직의 부름을 주었다(행 1:21-26).

사도들은 복음을 전하고 교회를 세우기 위하여 예수의 보내심을 받은 자들이다. 예수는 "아버지께서 나를 세상에 보내신 것같이 나도 그들을 세상에 보내었다"고 말하였다(요 17:18, 20:21).

오순절 성령 강림일에 시작된 교회(행 2:1-47)를 박해하던 사울이 예수를 만나 이방인의 사도로 부르심을 받았다고 하여 교회는 그를 사도의 한 사람으로 인정하게 되었다. 바울은 예수의 영의 부르심을 받아 계시로 말씀을 깨달은 사도이다.

성령의 부르심과 보내심을 받았던 사도 바울은 교회의 직분에 대하여 "그가 어떤 사람은 사도로, 어떤 사람은 선지자로, 어떤 사람은 복음 전하는 자로, 어떤 사람은 목사와 교사로 삼으셨으니 이는 성도를 온전하게 하여 봉사의 일을 하게 하며 그리스도의 몸을 세우려 하심이라"(엡 4:11-12)고 하였다.

성령의 은사로 세우신 '사도의 직분'에 대하여 신학자들 사이에 두 가지 견해가 대립하고 있다.

첫 번째 견해는 예수와 사도들이 죽은 후에 사도의 직분은 소멸되었다는 견해다.

"사도라는 은사는 교회를 세우고 성경을 기록하도록 성령이 주신 은사다. 그래서 교회가 세워지고 성경 기록이 완성되었을 때 자연스럽게 사도의 은사는 사라졌다"라는 주장이다. 사도의 은사는 오늘날

교회에서 찾아볼 수 없는 소멸된 은사라고 주장한다(John W. Stott). 여기에는 선지자의 직을 포함해서 소멸된 은사라고 주장한다.

두 번째는 사도의 은사가 소멸되지 않았다는 견해다.

"하나님께서 특별한 경우에 시대의 필요에 따라 요청될 때, 우리의 시대에 일을 행하실 때 사도들을 불러 세우신다"는 견해도 있다(John Calvin). 또한 성경에서는 예수의 열두 사도 외에도 제자들이 선출한 맛디아(행 2:14, 6:2), 바나바(행 14:4, 14), 주님의 형제인 야고보(갈 1:19), 실라와 디모데(살전 1:1, 2:6) 등이 사도라고 불리고 있다.

아프리카에서는 교회의 직분을 'Apostle'(사도), 'Prophet'(예언자), 'Evangelist'(복음전도자), 'Pastor'(목사), 'Teacher'(교사)라는 교회의 5중직의 명칭을 그대로 사용하는 교회가 많다.

신사도 운동의 영향이 큰 것 같다. 신사도 운동(New Apostolic Movement)이란 현대교회가 잃어버린 사도와 선지자의 직분을 회복하자는 운동에서 시작되었다. 피터 와그너(C. Peter Wagner)에 의해 체계화되고 조직화되어 전 세계적인 운동이 되었고, 한국에도 은사주의자들이 이 운동의 영향을 받고 있다.

건강한 교회를 세우기 위하여 성령의 은사들이 회복되어야 한다. 그러나 신사도 운동은 성령의 은사로 직통 계시와 예언, 그리고 병고침 등을 지나치게 강조하는 부작용이 있어 한국교회가 경계하는 상황이다. 사도들에게서 나타났던 병 고침과 이적들은 복음 전파를 위한 수단이지 그것이 선교 사역의 본질은 아니었다. 그런데 사도성의 회복을 말하면서 병 고침, 금가루 현상, 금니로 변함 등의 이적을 퍼포먼스 형식으로 행하는 일은 잘못이 아닐 수 없다.

스데반이 순교한 후 교회가 흩어질 때 전도자(Evangelist) 빌립은 사마리아 성으로 가서 전도하였다. 빌립의 전도로 많은 사람이 믿고 세례를 받았다. 그 성에서 마술을 행하여 사람들을 놀라게 하며 자칭 큰 자라 하던 시몬도 세례를 받고 빌립을 따라다녔다. 예루살렘 교회에 있는 사도들이, 사마리아 성 사람들이 하나님의 말씀을 받아들였다는 소식을 듣고 베드로와 요한을 보냈다. 베드로와 요한이 사마리아 성에 가서 그들을 위해 기도하여 그들도 성령을 받았다. 이것을 본 시몬이 베드로에게 돈을 주며 자기에게도 그 권능을 달라고 하였다. 이런 행위에 분노한 베드로는 "네가 하나님의 선물을 돈 주고 살 줄로 생각하였으니 네 은과 네가 함께 망할지어다" 하며 책망하였다(행 8:1-25).

이런 행위를 시모니즘(Simonism)이라고 하는데, 돈으로 성직이나 성령의 은사를 팔고 사는 행위를 말한다. 성령의 역사를 상업화하는 것은 하나님 앞에 큰 죄악이 아닐 수 없다. 사도 베드로는 돈으로 성령의 능력을 사서 상업적 목적으로 이용하려던 시몬을 향해 "하나님 앞에서 네 마음이 바르지 못하니 이 도에는 네가 관계도 없고 분깃 될 것도 없느니라 그러므로 너의 이 악함을 회개하고 주께 기도하라 혹 마음에 품은 것을 사하여 주시리라 내가 보니 너는 악독이 가득하며 불의에 매인 바 되었도다"(행 8:21-23)라고 책망하였다.

사도의 은사를 사모한다면 시몬과 같은 목적으로 기적을 행하려는 자세보다는 사도들의 고난에 동참하려는 자세를 가져야 한다. 사도 바울은 "사도의 표가 된 것은 내가 너희 가운데서 모든 참음과 표적과 기사와 능력을 행한 것이라"(고후 12:12)고 하였다. 사도의 표는 '모든 참음'이 우선된다. 고린도 교회에 보내는 바울의 서신에서 우리는 진정한 사도의 참음이 무엇인지를 알 수 있다. 사도에게서는 이런 사도의 표가 먼저 나타나야 한다.

> **고후 11:23-30** "그들이 그리스도의 일꾼이냐 정신없는 말을 하거니와 나는 더욱 그러하도다 내가 수고를 넘치도록 하고 옥에 갇히기도 더 많이 하고 매도 수없이 맞고 여러 번 죽을 뻔 하였으니 유대인들에게 사십에서 하나 감한 매를 다섯 번 맞았으며 세 번 태장으로 맞고 한 번 돌로 맞고 세 번 파선하고 일 주야를 깊은 바다에서 지냈으며 여러 번 여행하면서 강의 위험과 강도의 위험과 동족의 위험과 이방인의 위험과 시내의 위험과 광야의 위험과 바다의 위험과 거짓 형제 중의 위험을 당하고 또 수고하며 애쓰고 여러 번 자지 못하고 주리며 목마르고 여러 번 굶고 춥고 헐벗었노라 이 외의 일은 고사하고 아직도 날마다 내 속에 눌리는 일이 있으니 곧 모든 교회를 위하여 염려하는 것이라 누가 약하면 내가 약하지 아니하며 누가 실족하게 되면 내가 애타지 아니하더냐 내가 부득불 자랑할진대 내가 약한 것을 자랑하리라."

요한은 예수에 대하여 "그는 성령과 불로 너희에게 세례를 베푸실 것"(눅 3:16)이라고 하였다. 성령의 세례를 받은 사도들은 복음을 전파하며 그리스도의 고난에 참여하는 것으로 불세례를 받았다.

요한과 야고보의 어머니가 두 아들을 예수의 양편에 앉혀 달라는 부탁을 받은 예수는 "너희는 너희가 구하는 것을 알지 못하는도다 내가 마시려는 잔을 너희가 마실 수 있느냐"(마 20:22)라고 물으시며 십자가 고난의 잔을 말씀하셨다. 세례 요한이 말한 불세례는 고난의 잔이었다.

사도의 표를 보이기 위하여 표적과 기사와 능력을 보이려고 애쓰기보다는 사도 바울이 "내가 내 몸에 예수의 흔적을 지니고 있노라"(갈 6:17)고 한 것같이 예수의 고난에 동참한 흔적이 있어야 할 것이다.

2) 선교사: 사도의 은사

선교사(Missionary)라는 용어는 1598년 로마 가톨릭 예수회(Society of Jesus, Jesuit)가 선교사를 해외로 보내면서 처음 사용한 것으로 전해지고 있다. '보낸다'는 뜻의 라틴어 'Missio'에서 파생된 단어이다. 이것은 예수가 제자들을 파송하면서 사용한 그리스어 '어포슬'에서 나온 단어이다.

영어에서 'Mission'과 'Missions'라는 단어는 각각 다른 의미로 사용된다. 'Mission'의 사전적 의미는 부여된 일, 의무, 사명을 말하지만, 'Missions'는 복음을 전하기 위하여 해외로 나가도록 받은 소명을 의미한다. 'Missions'는 신약시대 교회가 복음을 알지 못하는 지역에 복음을 전하고 회심자들을 내며 지역 교회를 세우는 일을 의미하였다.

선교는 해외 또는 타문화권으로 가서 복음을 전하는 것, 또는 복음을 전하기 위한 모든 방법과 활동을 말한다. 선교사를 해외에 파송하여 전도하고 교회를 개척하여 성장시키며 복음적인 사업을 수행하는 것 등을 포함한다.

"너희는 가서 모든 민족을 제자로 삼아 아버지와 아들과 성령의 이름으로 세례를 베풀고 내가 너희에게 분부한 모든 것을 가르쳐 지키게 하라"(마 28:19-20)는 주님의 말씀을 신실하게 따르는 것이다.

예수는 그의 복음을 땅 끝까지 전하고 그리스도의 몸 된 교회를 세우기 위하여 은사들을 주신다.

어떤 사람에게는 사도적 은사를 주어 교회의 개척자로 보내고, 어떤 사람에게는 선지자의 은사를 주어 성도들을 권면하여 그릇된 길을 가지 않도록 경계하며, 또 어떤 이들에게는 빌립 집사와 같이 복음을 전하는 은사를 주어 전도의 사명을 감당하도록 한다. 그리고 어떤 이에게는 목사의 은사를 주어서 지역 교회에서 성도들을 돌보고 양육하는 사역을 감당하게 하고, 또 다른 이들에게는 교사이 은사를 주어 말씀으로 가르치도록 하신다. 교회는 성령의 다섯 가지 직분의 역할이 활발하게 살아 있을 때 부흥의 역사를 경험하게 된다.

바울의 은사

바울은 "그리스도께서 나를 보내심은 세례를 베풀게 하려 하심이 아니요 오직 복음을 전하게 하려 하심"(고전 1:17)이라고 말하고, "내가 이 복음을 위하여 선포자와 사도와 교사로 세우심을 입었노라"(딤후 1:11)고 하였다. 바울의 소명의식은 분명했고, 그는 스스로 어떤 은사로 사역하는지를 확실하게 알고 있었다. 바울이 사도의 직분과 복음 선포자와 교사로 세우심을 받았다고 하는 것을 보면, 한 사람이 몇 가지 은사의 조합으로 사역하는 것을 알 수 있다. 여기서는 사도 바울이 받은 은사들이 그의 선교 사역에 어떻게 사용되었는지 살펴본다.

선포자

선포자로서의 선교 사역은 말씀을 전하는 일이다. 바울이 유대인의 회당에 들어가 많은 사람 앞에서 담대하게 말씀을 선포한 것처럼 선교사는 선포자로서의 은사를 사모해야 한다.

바울은 그가 아끼던 제자 디모데에게 "너는 말씀을 전파하라 때를 얻든지 못 얻든지 항상 힘쓰라 범사에 오래 참음과 가르침으로 경책하며 경계하며 권하라 때가 이르리니 사람이 바른 교훈을 받지 아니하며 귀가 가려워서 자기의 사욕을 따를 스승을 많이 두고 또 그 귀를 진리에서 돌이켜 허탄한 이야기를 따르리라 그러나 너는 모든 일에 신중하여 고난을 받으며 전도자의 일을 하며 네 직무를 다하라"(딤후 4:2-5)고 권면하였다.

선교사는 예수의 이름에 구원의 능력이 있는 것을 전하며 그의 부활과 그리스도이심을 전해야 한다. 선교사의 말씀 선포 사역은 하나님의 나라가 온 땅에 임하도록 말씀으로 세상을 정복하는 일이다.

오순절 날 성령 강림을 경험한 베드로가 세계 각처에서 예루살렘으로 모여 온 사람들 앞에서 말씀을 선포할 때 하루에 3천 명이나 되는 사람들이 회개하고 세례를 받은 역사가 일어났다. 성전 미문에 앉아 있던 앉은뱅이가 일어서 뛰는 모습을 보고 놀라 솔로몬 행각에 모여든 사람들 앞에서 '주는 그리스도'라는 베드로의 말씀 선포는 5천 명이나 되는 사람들이 그리스도를 영접하게 하였다. 복음의 말씀 선포 사역의 능력이다.

사도

사도들이 봉사와 사도의 직무를 감당했던 것처럼(행 1:24-25), 사도적 은사를 받은 선교사는 봉사와 사도의 직무를 잘 감당해야 한다.

사도들은 많은 병자들을 고치고 가난한 자들을 구제하는 봉사의 삶을 살았다. 교회를 개척하고 돌보는 헌신도 있었다. 사도들은 자기의 몸을 아끼지 않고 그들을 필요로 하는 곳에는 어디든지 달려가는 헌신으로 봉사하는 삶을 살았다.

바울은 "내가 택함 받은 자들을 위하여 모든 것을 참음은 그들도 그리스도 예수 안에 있는 구원을 영원한 영광과 함께 받게 하려 함이라"(딤후 2:10)고 하였다. 선교사는 구원받을 자들을 위하여 모든 상황에 오래 참음의 인내가 있어야 한다. 사도들은 고난을 두려워하지 않았고, 그들에게서 표적과 기사와 능력이 나타났다.

바울이 "이 후로는 누구든지 나를 괴롭게 하지 말라 내가 내 몸에 예수의 흔적을 지니고 있노라"(갈 6:17)고 한 것같이, 사도의 은사로 사역하는 선교사는 예수의 흔적을 지니고 사는 자들이다.

예수는 그런 선교사들의 사역에서 표적과 기사와 능력이 나타나게 하신다. 병든 자들이 나음을 얻고 귀신들이 쫓겨나며, 복음이 없어 어두운 땅에 그리스도의 빛이 비추어지는 것이다.

교사

바울이 3차 전도여행으로 에베소에 3년 정도 머물렀는데, 그중 2년 동안은 두란노 서원에서 매일 말씀을 가르쳤다. 그렇게 바울이 교사로서 강론하는 동안 아시아에 사는 사람들은 유대인이나 헬라인이나 다 주의 말씀을 들었다(행 19:8-10). 바울이 교사로서 안디옥에 머무는 한 해 동안에 안디옥 교회에서 큰 무리를 가르쳤고, 제자들이 안디옥에서 비로소 그리스도인이라 일컬음을 받았다(행 11:26).

교사로서의 역할이 얼마나 중요한지를 보여준다. 선교사는 가는 곳마다 그들을 제자로 삼아 세례를 베풀고 예수가 가르친 모든 것을 가르쳐 지키게 하는 사역을 감당하는 것이다. 예루살렘 교회에서 사도들은 "날마다 성전에 있든지 집에 있든지 예수는 그리스도라고 가르치기와 전도하기를 그치지 아니하였다"(행 5:42).

사도 바울은 디모데에게 보내는 편지에서 교회의 감독이 되는 조건으로 가르치기를 잘하는 사람(딤전 3:2)이 되어야 한다고 하였다. 바울의 교사로서의 은사는 그의 서신에서도 나타난다. 바울은 그의 서신을 통해 더 많은 사람들이 주의 복음을 이해하도록 했고, 그의 가르침은 오늘 우리에게까지 전달되었다.

사도적 은사를 가진 선교사는 복음 전파와 가르치는 사역을 통해 하나님의 나라를 확장하였다. 선교를 '복음 전파'와 '영혼 구원'의 측면에서 이해하는 것을 '복음주의적 견해'라고 하는데, 선교의 가장 중요한 목표를 영혼 구원과 교회 개척에 두는 것이다. 이것은 성경에서 사도들이 가장 중요하게 실행했던 선교적 견해이다.

사도들이 복음의 씨앗을 뿌린 곳마다 교회가 세워진 것처럼 사도의 은사를 받은 선교사는 가는 곳마다 교회를 세우는 사역을 감당한다. 예수의 이름으로 선포하고 하나님의 말씀을 가르침을 통하여 사람들의 마음에 하나님의 나라, 성전이 세워지도록 하는 것이다. 주를 영접하고 주의 이름을 부르는 성도들이 모여 하나님을 찬양하고 예배하며 교제하는 교회를 설립하는 것이다.

3) 선교사: 사명 수행자

미션(Mission)을 사명이라는 관점에서 생각하며, 선교사(Missionary)는 사명 수행자라는 의미로 해석할 수 있겠다. 복음 전파와 교회 설립 등의 직접적인 선교가 아니라도 세상 사람에게 인간의 사명이 무엇인지를 가르치고 수행할 수 있도록 돕는 일을 감당할 수 있다. 하나님이 인간을 창조하실 때 부여한 하나님의 형상을 찾도록 돕는 일을 하는 것이다. 전통적인 간접 선교의 방식들이 사명 수행자로서의 선교사들에 의해 감당될 수 있다.

성경에는 하나님이 인간을 창조하신 궁극적인 목적이며 인간이 반드시 감당해야 하는 4대 사명이 기록되어 있다. 여기서 인간의 4대 사명이 무엇인지를 간단하게 정리하고, 사명 수행자로서의 선교사가 해야 할 일을 생각해 보자.

인간의 4대 사명
첫 번째 사명: 생육하고 번성하라.

하나님은 아름다운 지구를 창조하시고 에덴동산을 만들어 아담과 하와를 거주하게 하셨다. 하나님이 아담에게 주신 사명은 "생육하고 번성하여 땅에 충만하라, 땅을 정복하라"(창 1:28)는 것이었다. 하나님은 인간이 생육하고 번성하여 땅에 충만하고 정복하기를 원하셨다.

그러나 아담의 가정에서는 형이 동생을 죽이는 살인 사건이 일어났다. 하나님의 뜻을 거역하고 생명을 죽인 끔찍한 사건이다. 아담은 자녀 교육에 실패하였다. 자녀들은 가정에서 하나님의 말씀을 배우고 순종하며 세상을 하나님의 말씀으로 정복해야 하는데, 사람이 온 땅에 번성하기 시작할 때에(창 6:1), 사람의 죄악이 세상에 가득하였다. 사람의 마음으로 생각하는 모든 계획이 항상 악할 뿐이었다(창

6:5). 온 땅을 복음으로 정복하는 것은 선교의 대명제이다.

사명 수행자로서의 선교사는 인간의 생육과 번성을 돕는 것, 땅에 충만한 모든 사람들이 예수의 이름으로 하나님의 나라를 세우도록 하는 것이다.

사명 수행자로서의 선교사의 직무는 생명을 존중하여 보살피는 일이다. 선교사는 보내심을 받은 지역의 모든 자녀들이 예수의 복음으로 땅을 정복하고 악을 이기고 선을 이루는 삶을 살도록 교육하는 일을 감당해야 한다.

두 번째 사명: 자연을 보호하고 관리하라.

사람들은 "바다의 물고기와 하늘의 새와 땅에 움직이는 모든 생물을 다스리라 하시니라"(창 1:28)는 말씀을 잘못 이해하여 오히려 지구상의 모든 생물들이 멸종의 위기에 직면하게 했고, 자연을 파괴하는 잘못을 저지르고 말았다. 인간의 탐욕으로 자연이 훼손되고 하나님이 지으신 생명체들이 멸종의 위기에 놓여 있다.

2019년에 발표한 유엔의 생물다양성과학기구(IPBES, Intergovernmental Science-policy Platform on Biodiversity and Ecosystem Services) 보고서에 따르면, 인류의 자연 파괴로 인하여 지구상의 생물 100만 종이 멸종 위기에 놓여 있다고 한다. 지구상에 존재하는 800만 종의 생물 가운데 100만 종이 멸종된다는 충격적인 보고이다. 인간의 끊임없는 소비가 자연을 파괴한다는 IPBES 보고서는 서식지 감소, 천연자원 소모, 기후 변화, 오염 등이 생물 종의 주요 손실 원인이라고 했다. 세계는 지구 온난화, 오존층 파괴, 산성비, 적조 현상, 산림 황폐, 기후 이상 변화 등의 몸살을 앓고 있다.

코로나 바이러스의 전염을 막기 위해 세계의 자동차들이 멈추고 공장들이 문을 닫고 사람들은 집안에 머무는 동안 하늘이 맑아지고 자연이 살아나고 동물들이 다시 나타나는 현상을 보며, 인간의 잘못을 다시 생각하는 계기가 되었다. 이런 일을 교훈 삼아 세계 기독교계는 자연을 보호하는 일까지 선교의 영역으로 확장해야 할 것이다.

세 번째 사명: 하나님을 섬겨라.

"생육하고 번성하여 땅에 충만하라, 땅을 정복하라"고 하신 하나님의 목적은, 애굽에서 이스라엘을 구원하여 가나안 땅으로 인도하면서 당부하신 말씀 속에 잘 나타난다.

> **출 23:23-26** "내 사자가 네 앞서 가서 너를 아모리 사람과 헷 사람과 브리스 사람과 가나안 사람과 히위 사람과 여부스 사람에게로 인도하고 나는 그들을 끊으리니 너는 그들의 신을 경배하지 말며 섬기지 말며 그들의 행위를 본받지 말고 그것들을 다 깨뜨리며 그들의 주상을 부수고 네 하나님 여호와를 섬기라 그리하면 여호와가 너희의 양식과 물에 복을 내리고 너희 중에서 병을 제하리니 네 나라에 낙태하는 자가 없고 임신하지 못하는 자가 없을 것이라 내가 너의 날 수를 채우리라."

이집트에서 생육하고 번성한 이스라엘 백성을 가나안으로 인도하신 하나님은 그들에게 약속의 땅 가나안에서 다른 신을 섬기지 말고 "하나님 여호와를 섬기라"고 하였다. 하나님만을 섬길 때 인간들의 '의식주' 문제와 '생로병사'의 문제를 하나님이 책임져 주신다고 하신다.

여기서 '섬기다'라는 뜻의 히브리어 '아바드'는 예배(Worship), 일(Work), 섬김(Serve)의 의미를 갖고 있다. 따라서 인간의 세 번째 사명은 그들이 어느 곳에 있든지 하나님을 예배하고, 하나님의 일(그가 보내신 이 예수를 믿는 일, 요 6:29)을 하며, 세상에 나가 섬김의 삶을 사는 것이다.

사명 수행자로서 보내심을 받은 선교사는 사람들이 하나님을 예배하고, 하나님이 보내신 예수 그리스도를 믿으며, 이웃을 섬기는 사람들의 공동체가 되도록 그들을 돕는 사명을 수행하는 것이다.

네 번째 사명: 복음을 전파하라.

복음을 전하는 일은 예수가 인간에게 부여한 가장 큰 사명이다. 선교를 위해 어떤 이는 땅 끝 나라, 오지로 나가 복음을 전하는 선교사가 되고, 어떤 이들은 물질과 기도로 돕고, 어떤 이는 시간과 재능을 헌신하여 복음 전파를 돕는다.

요즘 많은 교회들이 선교 중심의 교회로 변화하려고 노력하고 있다. 안디옥 교회와 같은 선교 사명의 부르심을 받는, 성령이 충만한 선교하는 교회(Missional Church)가 많아져야 하겠다.

추수기의 문이 닫히기 전에 우리가 넘어야 할 거대한 산을 넘기 위해서는 그리스도인들의 가정이 선교하는 가정(Missional Family)으로 세워져야 하겠다. 각 가정이 선교를 위하여 기도하고 물질로 후원함으로써 선교의 효과를 극대화할 수 있을 것이다.

인간이 인간답게 살게 하는 일과 사회구조의 근본 변화를 선교의 목표로 삼는 것을 에큐메니컬 견해의 선교라고 하는데, 사명 수행자로서의 선교 사역의 범주에 속한다고 볼 수 있겠다.

3.

떠나는 사람

하나님은 이스라엘 백성을 번성하고 창대하게 하려는 목적으로 아브라함을 불러 가나안 땅으로 가라고 명령하셨다. 하란 땅에 안정적으로 살던 아브라함에게는 큰 충격이 아닐 수 없다.

> **창 12:1-3** "여호와께서 아브람에게 이르시되 너는 너의 고향(Country)과 친척(People)과 아버지의 집(Father's Household)을 떠나 내가 네게 보여 줄 땅으로 가라 내가 너로 큰 민족을 이루고 네게 복을 주어 네 이름을 창대하게 하리니 너는 복이 될지라 너를 축복하는 자에게는 내가 복을 내리고 너를 저주하는 자에게는 내가 저주하리니 땅의 모든 족속이 너로 말미암아 복을 얻을 것이라 하신지라."

하나님이 미리 아시고 택하신 사람을 그의 삶의 과정을 통해 훈련하여 부르시고, 하나님이 하게 하시는 일을 위해 보내실 때가 선교사에게는 큰 위기의 순간이다.

그가 지금까지 쌓아왔던 모든 것을 내려놓아야 하기 때문이다. 직업의 소명을 가지고 살던 사람이 부르심을 받을 수 있고, 사역의 소명을 가지고 안정적으로 사역하던 사람이 선교사로 부르시는 음성을 들을 수 있다.

어느 날 갑자기 문화와 언어가 다른 나라로 보내심을 받을 때는 그와 가정에 큰 위기가 아닐 수 없다. 그러나 보내심을 받은 자가 하나님의 음성을 듣고 자원하는 마음으로 떠날 때, 그 순간부터 하나님의 동행하심을 경험하게 된다.

하나님은 아브라함에게 고향과 친척과 아버지의 집을 떠나라고 하신다. 아브라함의 떠남이 구체적으로 어떤 것을 의미하는지 생각해 보고 떠남을 준비하자.

1) 고향을 떠나라(문화)

하나님은 아브라함을 불러 하나님이 보여주실 땅으로 가라고 하시고, 그가 모든 족속의 복이 될 것이라고 하셨다. 그러나 아브라함이 가나안에 도착했을 때 그를 기다리고 있는 것은 기근과 생명을 위협하는 두려움이었다. 아브라함은 가나안 땅의 심각한 기근을 피해 애굽으로 내려가야만 했다.

아브라함은 아내 사라의 아름다움으로 인해 자신이 죽임을 당할 것을 두려워하였다. 그는 아내와 합의하여 그녀를 여동생이라고 하였다. 사라의 아름다움이 애굽에 알려지자 바로가 사라를 아내로 취하였다. 사라가 아브라함의 아내라는 사실을 하나님의 음성을 통해 알게 된 바로는 하나님을 두려워하여 사라를 돌려보냈다(창 12:10-20). 아브라함은 가나안 땅에 돌아와 그랄 왕 아비멜렉에게도 같은 수치를 겪었다(창 20:2).

당시 가나안 땅에는 족장들 사이에 전쟁이 계속되고 있었다. 시날 왕 아므라벨과 엘라살 왕 아리옥과 엘람 왕 그돌라오멜과 고임 왕 디달이 소돔 왕 베라와 고모라 왕 비르사와 아드마 왕 시납과 스보임 왕 세메벨과 벨라 곧 소알 왕과 전쟁 중이었다(창 14:1-2). 이 전쟁에서 소돔이 침략을 당하고 소돔 성에 살던 아브라함의 조카 롯과 가족들이 포로로 잡혀갔다.

아브라함은 애굽에서 수치를 당하고 가나안 땅에 돌아온 후 생명의 위협으로부터 자신을 보호하기 위해 사병을 훈련해 두었다. 그는 318명의 사병을 이끌고 추격하여 소돔 성 사람들이 빼앗겼던 재물과 조카와 부녀와 친척들을 구하였다(창 14:14-16). 아브라함이 창대한 후에 위협을 느낀 아비멜렉이 찾아와 서로 간에 후대할 것을 약속하였다(창 21:23-27).

아브라함은 니므롯과 바벨탑의 영향으로 우상 숭배의 땅이 된 고향 우르를 떠나 하란을 거쳐 하나님이 부여주신 땅 가나안에 이르렀지만 그곳에 정착하는 데 많은 어려움이 있었다.

선교사들이 하나님이 보내신 나라에 가서 정착하기까지는 많은 어려움을 겪게 된다.

체류 비자 취득에서부터 어려움이 시작된다. 현지인들이 외국인에 대하여 적대적일 때는 더욱 힘든 정착 과정을 거치게 된다. 교회나 학교 등 선교센터를 건축하려고 하면 상상하지 못했던 방해를 경험한다. 경제적으로 어려운 나라에서는 강도의 표적이 되어 생명을 위협받는 일이 선교사들의 스트레스가 된다. 이러한 위협에서도 선교사는 현지인들과 좋은 관계를 가지려고 노력해야 한다.

아브라함 때와 같이 가나안 땅에 흉년이 들었을 때, 하나님은 애굽으로 가려는 이삭의 길을 막으시고 그랄에 거주하게 하셨다. 드디어 이삭이 그랄 땅에서 거부가 되자 블레셋 사람들이 아브라함이 판 우물을 메워 버렸다. 블레셋 왕 아비멜렉이 이삭을 떠나게 하여 이삭은 그랄 골짜기로 자리를 옮겨 장막을 치고 거주하였다.

이삭의 종들이 골짜기를 파서 물을 얻으니 그랄 지방 목자들이 자기들의 것이라고 주장하였다. 이삭이 그들과 다투지 않고 다른 우물을 팠는데, 그들이 또 다툼으로 그 우물을 양보하고 또 다른 곳으로 옮겨 우물을 팠다(창 26:12-22). 그렇게 세 번째 우물을 얻으니 다툼이 그쳤다. 이삭은 이렇게 양보하면서 현지의 사람들과 좋은 관계를 유지하려고 노력하였다.

이런 외적인 위협보다도 선교사에게는 현지 문화 적응도 힘든 일이 된다. 문화 적응에 실패하면 사역도 시작하기 전에 철수하는 일이 일어나기도 한다. 문화(文化)는 일반적으로 한 사회의 주요한 행동 양식을 말한다. 자기가 출생하고 생활하는 국가나 지역에서 자기도 모르는 사이에 자신의 행동 양식과 습관이 형성되는 것이다. 음식, 의상, 주거 형태, 가족관계 등의 생활 영역에서 생활문화가 형성된다.

문화는 여러 기준으로 분류된다. 종교적으로는 한 사회의 대다수가 믿는 종교에 따라 이슬람 문화, 기독교 문화, 불교 문화, 힌두교 문화 등으로 분류한다. 언어적으로는 그들의 언어에 따라 영어 문화권, 프랑스어 문화권, 스페인어 문화권, 포르투갈어 문화권, 아랍어 문화권 등으로 분류한다. 지역적으로는 동아시아 문화, 중동 문화, 유럽 문화, 아메리카 문화와 같이 지역을 기준으로 분류하기도 한다.

이처럼 다양한 문화권의 사람들은 서로 다른 방식으로 살아간다. 어떤 사람은 자신의 문화가 최고라는 자문화 중심주의나 다른 문화에 대한 열등감으로 문화 사대주의에 빠지기도 한다.

그동안 세계 역사는 경제력이나 군사적으로 우위에 있는 나라가 폭력적인 방법으로 다른 나라를 식민지화하면서 자국의 문화 유입을 시도하였다. 제국주의 시절 식민지를 겪었던 나라들이 지금도 식민지 문화 청산을 위해 노력하고 있다.

문화충격(culture shock)이라는 말이 있다. 완전히 다른 문화 환경이나 사회 환경에 있을 때 느끼는 불안한 감정을 말한다. 문화충격은 정서적 혼동, 육체적 질병, 불안감, 두려움 등의 현상을 유발한다.

선교사가 하나님이 보내신 그 나라의 문화를 배우고 습득하여 자신을 현지화하지 않으면 선교에 어려움을 겪는다. 음식, 주거시설, 예의범절, 법질서 등 다양한 문화의 차이로 겪는 스트레스가 이만저만이 아니다. 나의 문화가 가장 우수하다는 우월주의에 빠져 현지의 문화를 무시하고 고치려고 한다면 현지인들의 마음을 얻는 데 실패하고 현지에 뿌리를 내리지 못한다.

선교 현지의 문화를 나의 문화로 만들어 가는 것이 중요하다. 현지의 악습과 문화를 받아들이는 것이 아니라 좋은 문화들을 살려 가는 것이다. 예수의 성육신과 같이 선교지의 문화를 내 문화로 만들어 적응해야 한다. 선교사는 자기의 문화를 고향에 두고 떠나야 한다.

사도 바울은 문화 적응에 대하여 이렇게 말하고 있다.

고전 9:19-23 "내가 모든 사람에게서 자유로우나 스스로 모든 사람에게 종이 된 것은 더 많은 사람을 얻고자 함이라 유대인들에게 내가 유대인과 같이 된 것은 유대인들을 얻고자 함이요 율법 아래에 있는 자들에게는 내가 율법 아래에 있지 아니하나 율법 아래에 있는 자 같이 된 것은 율법 아래에 있는 자들을 얻고자 함이요 율법 없는 자에게는 내가 하나님께는 율법 없는 자가 아니요 도리어 그리스도의 율법 아래에 있는 자이나 율법 없는 자와 같이 된 것은 율법 없는 자들을 얻고자 함이라 약한 자들에게 내가 약한 자와 같이 된 것은 약한 자들을 얻고자 함이요 내가 여러 사람에게 여러 모습이 된 것은 아무쪼록 몇 사람이라도 구원하고자 함이니 내가 복음을 위하여 모든 것을 행함은 복음에 참여하고자 함이라."

선교사가 선교 현지에서 현지인화되어 가는 것은 사람을 구원하고자 하는 그의 본래의 사명을 감당하기 위한 것이다.

바울이 루스드라에서 돌에 맞으며 전도하여 얻은 디모데를 선교 여행에 동참시키기 위해 그에게 할례를 행하였다. 이방인의 할례를 금했던 바울이지만 문화충격을 막기 위하여 디모데에게 할례를 행한 것이다(행 16:3).

이방인 전도에 있어 바울에게 가장 큰 걸림돌은 할례 문제와 문화 차이였다. 당시 유대인들은 이방인들과 한자리에 앉아 식사하는 것이 금지되어 있었다. 그러나 이방인의 사도로 부르심을 받은 바울은 이 문화의 차이를 넘어야만 했다. 그는 이방인들과 함께 식사하는 것을 꺼리지 않았다.

그런데 안디옥 교회를 방문한 베드로가 이방인들과 함께 식사하다가 예루살렘에서 야고보가 보낸 할례파 사람들이 나타나자 두려워하여 일어나 자리를 피했다. 이때 바나바도 베드로와 같이 행하므로 바울이 베드로를 책망했다(갈 2:11-13).

선교사들은 자신의 문화와 다르다고 현지의 문화를 무시하거나 회피하지 않아야 하겠다. 한국교회와 아프리카, 동남아 지역 등 지역마다 예배의 방식이 다르다. 서로가 다름을 인정하고 적응해 나가야 한다.

2) 친척을 떠나라(가치관)

하나님은 아브라함에게 친척을 떠나라고 하셨다. 친척, 가문을 통해 형성되는 것은 가치관이다. 집안마다 그들의 가치관이 다르다. 가치관이란 그 사람이 가장 가치있게 생각하는 것을 말한다.

근대 철학자 스피노자(Benedict de Spinoza, 1632~1677)는 "모든 것 중에서 가장 좋은 것으로 인정되는 것은 다음 세 가지로 요약된다. 부귀와 명성과 쾌락이다. 이 세 가지에 마음을 너무 열중시키기 때문에 다른 좋은 것은 거의 생각하지 못한다"라고 하였다.

사도 요한은 "이는 세상에 있는 모든 것이 육신의 정욕과 안목의 정욕과 이생의 자랑이니 다 아버지께로부터 온 것이 아니요 세상으로부터 온 것이라"(요일 2:16)고 하였다. 선교사의 길을 가기 전에 꼭 한 번 다시 자신의 가치관을 점검해 보아야 한다.

돈에 대한 가치관

부자 청년이 예수를 찾아왔다. 이 청년은 부자이면서 관원이었다. 세상적으로는 성공적인 삶을 살아가는 청년이 영생을 고민하는 모습을 예수가 사랑하셨다.

예수는 청년에게 "네게 아직도 한 가지 부족한 것이 있으니 네게 있는 것을 다 팔아 가난한 자들에게 나눠 주라 그리하면 하늘에서 네게 보화가 있으리라 그리고 와서 나를 따르라"고 하셨지만 그가 부자였기에 근심하면서 돌아갔다(눅 18:22-23).

부자 청년과 비슷한 청년이 있었다. 그는 농토가 많은 집의 상속자였던 것 같다. 그 청년의 이름은 엘리사였다. 엘리야 선지자가 호렙산 동굴에서 하나님을 만나서 세 가지의 사명을 받아 내려왔다(왕상 19:15-16). 그중 하나가 사밧의 아들 엘리사에게 기름을 부어 엘리야를 대신하여 선지자로 세우는 것이었다.

엘리사는 농사철이 되어 열두 겨리 소를 몰고 밭을 갈고 있었다. 엘리야가 그를 부르자 엘리사는 달려가서 한 겨리 소를 잡고 그것의 기구를 불살라 고기를 삶아 백성들에게 나누어 주고 엘리야를 따라가 그를 대신하여 선지자가 되었다.

부자 청년과는 대조되는 모습이다. 부자 청년이 돈이 많아 근심하며 떠나는 모습을 보고 예수는 "재물이 있는 자는 하나님의 나라에 들어가기가 얼마나 어려운지 낙타가 바늘귀로 들어가는 것이 부자가 하나님의 나라에 들어가는 것보다 쉬우니라"(눅 18:24-25)고 하셨다.

이때 예수가 자신을 부르실 때 그의 배와 그물을 두고 떠났던(눅 5:11) 베드로가 "우리가 우리의 것을 다 버리고 주를 따랐나이다"라고 하며 그가 얻을 것이 무엇인지 궁금해했다. 예수는 베드로에게 "내가 진실로 너희에게 이르노니 하나님의 나라를 위하여 집이나 아내나 형제나 부모나 자녀를 버린 자는 현세에 여러 배를 받고 내세에 영생을 받지 못할 자가 없느니라"(눅 18:29-30)고 하셨다.

선교사는 돈에 대한 미련을 버리고 천국에 소망을 둔 가치관을 가져야 한다.

명예에 대한 가치관

철학자의 말을 다시 빌리면 스피노자는 "단지 사람들의 기분에 들기 위한 이유에서만 어떤 것을 행하거나 피하려는 노력, 이것이 명예욕이다"라고 하였다. 선교사가 사람에게 보이기 위한 수단으로 선을 행하거나, 선교사가 반드시 해야 하는 일인데도 사람들의 눈치를 보며 행하지 않는 것은 명예욕에서 나오는 행위라는 것이다. 다른 사람들의 시선을 지나치게 의식하며 사는 선교사는 결코 하나님의 뜻을 행할 수가 없다.

예수는 명예욕에 사로잡힌 서기관들을 향해 "긴 옷을 입고 다니는 것을 원하며 시장에서 문안 받는 것과 회당의 높은 자리와 잔치의 윗자리를 좋아하는 서기관들을 삼가라 그들은 과부의 가산을 삼키며 외식으로 길게 기도하니 그들이 더 엄중한 심판을 받으리라"(눅 20:46-47)고 하셨다.

세상에 이름을 떨쳐 보고자 하는 열망으로 선교사가 되어서는 안 된다. 선교는, 아무도 알아주지 않는 그늘에서도 주님을 바라보고 최선을 다하여 맡겨 주신 사명을 감당할 수 있는 자들이 행하는 위대한 사명이다.

쾌락에 대한 가치관

육체적 쾌락을 인생의 목적이자 최고의 선이라고 여기는 것을 쾌락주의(Hedonism)라고 한다. 쾌락을 추구하고 고통을 피하는 것을 도덕 원리로 삼는 철학을, 고대 그리스의 에피쿠로스(Epicouros, B.C.

341~270)에 의해 시작되었기 때문에 에피쿠리어니즘(Epicureanism)이라고도 한다. 고대로부터 인간의 오랜 역사는 쾌락을 추구해 왔다. 많은 젊은이들이 한순간의 쾌락을 위해 마약과 광란의 음악과 술 취함에 쉽게 빠지고 중독이 되어 버린다.

그리스도인들의 삶은 이런 쾌락에 빠져 있지 않은 것 같지만, 맛있는 음식, 고급 차, 좋은 집, 유명 브랜드의 의복과 생필품 등을 수집하는 것에서 쾌감을 느끼는 사람도 많다. 이런 쾌감이 어느덧 그리스도인들의 우상이 되는 것이다.

선교사는 복음을 전하고 잃어버린 영혼을 찾아 구원하는 사명을 받아 보냄을 받은 사람이다. 선교사의 쾌락은 영혼을 구원하여 주님 앞으로 인도할 때 누리는 기쁨이 최고의 희락이 되어야 한다. 세상의 순간적인 쾌락을 추구하는 것이 아니라 하나님 안에서 누리는 그 기쁨이 마음에 차고 넘쳐야 한다. 죽도록 충성을 다한 자들이 누리는 기쁨이다.

선교사 가치관의 중심

선교사의 가치관 중심에는 예수가 있어야 한다. 선교사는 예수의 이름을 전하기 위하여 예수의 보내심을 받은 사람이기 때문이다. 선교사의 가치관 중심에 예수가 없으면 그것은 거짓이다.

유대인들은 힘에 가치를 두었다. 로마의 식민 정치로부터 유대를 구해 줄 메시아는 표적, 즉 힘을 보여줄 메시아였다. 헬라인들의 가치는 지식이었다. 따라서 그들에게 십자가와 부활은 비웃음거리일 수밖에 없었다.

그러나 사도 바울은 "유대인은 표적을 구하고 헬라인은 지혜를 찾으나 우리는 십자가에 못 박힌 그리스도를 전하니 유대인에게는 거리끼는 것이요 이방인에게는 미련한 것이로되 오직 부르심을 받은 자들에게는 유대인이나 헬라인이나 그리스도는 하나님의 능력이요 하나님의 지혜니라"(고전 1:22-24)고 하였다.

선교사로서의 가치관이 분명했던 선교사 바울은 "그리스도께서 나를 보내심은 세례를 베풀게 하려 하심이 아니요 오직 복음을 전하게 하려 하심이로되 말의 지혜로 하지 아니함은 그리스도의 십자가가 헛되지 않게 하려 함이라 십자가의 도가 멸망하는 자들에게는 미련한 것이요 구원을 받는 우리에게는 하나님의 능력이라"(고전 1:17-18)고 고백하였다. 이것이 선교사의 고백이 되어야 한다. 선교사가 최고의 가치를 두고 살아야 하는 것은 예수의 이름이다.

예수는 바리새인들을 향해 "너희 마음을 하나님께서 아시나니 사람 중에 높임을 받는 그것은 하나님 앞에 미움을 받는 것이니라"(눅 16:15)고 하셨다. 사람들이 가장 가치 있게 여기는 것들은 하나님 앞에 미움을 받는 것이다.

선교사가 고향을 떠날 때 버리고 가야 하는 것은 돈과 명예와 쾌락에 대한 열망이며, 그가 가장 가치 있게 생각해야 하는 것은 예수의 이름이다.

3) 아버지 집을 떠나라(태도)

어느 날 야곱은 삼촌 라반의 아들들이 하는 말을 듣게 되었다. 그들은 야곱이 아버지 소유를 다 빼앗아 재물을 모았다고 말하는 것이었다. 그런 말을 듣고 삼촌을 만나 보니 야곱을 대하는 태도(안색)가 전과 같지 않았다. 야곱은 그의 아내들에게 "그대들의 아버지의 안색을 본즉 내게 대하여 전과 같지 아니하도다(I see that your father's attitude toward me is not what it was before, NIV)"라고 하였다.

이렇듯 상대방에 대하여 생각하는 마음은 얼굴에 모습으로 나타난다. 인간은 상대방에 대해 생각하는 마음이 각기 다르기 때문에 상대하는 사람마다 대하는 태도가 달라질 수 있다. 태도는 타인에 대한 마음가짐이 보여지는 모습이다. 사람의 태도를 살펴보면 그 사람의 타인에 대한 마음을 알 수 있다.

따라서 태도란 '어떤 사람이나 상황에 반응하는 마음의 자세'라고 정의할 수 있겠다.

20세기 철학자 고든 알포트(Gorden Willard Allport, 1897~1967)는 "태도란 개인이 외적 사물 및 상황에 대해 반응하는 데 있어 영향을 주는 정신적인 상태이며, 이는 경험을 통해 형성된다"라고 했다.

태도는 경험을 통해 형성되는데, 사회적 환경과 교육 등의 영향을 받는다. 가장 중요한 요소는 가정교육이다. 가정에서 아버지의 교육이 자녀들의 태도를 형성하는 데 가장 큰 영향을 미친다. 또한 가정에서의 형제, 자매들과의 관계 속에 그의 태도가 형성된다. 태도는 사람의 마음가짐이기 때문에 변화할 수 있으며, 상대하는 사람에 따라 달라질 수도 있다.

상대방의 태도는 나의 태도에 따른 반응이기 때문에, 나의 태도가 상대방의 태도를 변화시킬 수 있는 것이다. 상대방의 태도에 따라 나의 마음이 '부정'과 '긍정', '좋다'와 '나쁘다'를 판단하는 것처럼, 상대방 역시 나의 태도에 반응하여 그런 마음가짐을 갖게 된다. 그래서 인간관계 형성에 있어 태도는 아주 중요하다.

나는 자녀들이 가정에서 나쁜 태도를 보일 때마다 "태도가 사람의 행복과 불행을 결정한다"고 가르치곤 했다. 그것처럼 선교사의 길을 준비하는 예비 선교사들에게 "선교사의 태도가 선교의 성패를 결정한다"라고 말할 수 있겠다. 선교사가 거만하고 교만한 태도, 불손한 태도, 거친 태도, 부정적 태도로 사람을 대한다면 그에게 돌아오는 상대방의 태도는 부정적일 수밖에 없다.

반면에 선교사의 온유하고 겸손한 태도, 친절한 태도, 공손한 태도, 긍정적인 태도는 사역지 사람들의 마음을 열고 좋은 관계를 갖게 해준다.

따라서 선교사는 아버지의 집에서 형성된 나쁜 태도들을 버려야 한다. 하나님이 아브라함에게 아버지 집을 떠나라고 하신 것은 아버지의 집에서 형성된 태도를 버리라는 말로 이해하면 좋겠다.

선교사가 성장 과정에 형성된 자신의 태도가 인간관계에 나쁜 영향을 미치는 것을 안다면 그런 태도를 버려야 할 것이다. 본인이 스스로 깨닫지 못할 경우 멘토나 동료들을 통해 자신의 태도에 대하여 조언을 구하는 것도 좋겠다. 나쁜 태도에 대한 지적이 기분 좋을 리는 없지만 그런 것들을 진솔하게 받아들이고 고쳐야 할 것이다.

사도 바울은 "너희는 유혹의 욕심을 따라 썩어져 가는 구습을 따르는 옛 사람을 벗어 버리고 오직 너희의 심령이 새롭게 되어(to be made new in the attitude of your minds, NIV) 하나님을 따라 의와 진리의 거룩함으로 지으심을 받은 새사람을 입으라"(엡 4:22-14)고 하였다. 여기서 '너희의 심령이 새롭게 되는 것'을 영어 성경은 '너희 마음의 태도를 새롭게 하는 것'으로 번역하였다.

바울은 이 말씀에 이어 고쳐야 할 태도를 말하고 있다. 거짓말하는 태도를 참된 말 하는 태도로, 분을 품지 않는 태도, 가난한 자에게 구제할 수 있도록 선한 일을 하는 태도, 더러운 말을 버리고 덕을 세우는 선한 말을 하여 듣는 자들에게 은혜를 끼치는 태도를 가지라고 한다(엡 4:25-30).

결론적으로 "너희는 모든 악독과 노함과 분냄과 떠드는 것과 비방하는 것을 모든 악의와 함께 버리고 서로 친절하게 하며 불쌍히 여기며 서로 용서하기를 하나님이 그리스도 안에서 너희를 용서하심과 같이 하라"(엡 4:31-32)고 하였다.

예수의 태도

선교사는 예수의 보내심을 받은 자들이므로 예수의 태도를 닮아야 한다.

사도 바울은 빌립보에 보내는 서신에서 "너희 안에 이 마음을 품으라 곧 그리스도 예수의 마음이니(Your attitude should be the same as that of Christ Jesus, NIV) 그는 근본 하나님의 본체시나 하나님과 동등됨을 취할 것으로 여기지 아니하시고 오히려 자기를 비워 종의 형체를 가지사 사람들과 같이 되셨고 사람의 모양으로 나타나사 자기를 낮추시고 죽기까지 복종하셨으니 곧 십자가에 죽으심이라"(빌 2:5-8)고 하였다.

'그리스도 예수의 마음'을 영어 성경(NIV)에서는 태도를 의미하는 'Attitude'라는 단어를 사용하였다. 예수의 마음, 예수의 태도를 닮으라는 말이다. 예수는 '종의 태도', '겸손한 태도', '복종하는 태도'를 가지신 분이다. 선교사가 본받아야 할 태도이다.

종의 태도

본체로는 하나님이신 예수가 종의 형체를 가진 사람으로 땅에 오셨다. 예수는 제자들에게 "너희 중에 누구든지 크고자 하는 자는 너희를 섬기는 자가 되고 너희 중에 누구든지 으뜸이 되고자 하는 자는 모든 사람의 종이 되어야 하리라 인자가 온 것은 섬김을 받으려 함이 아니라 도리어 섬기려 하고 자기 목숨을 많은 사람의 대속물로 주려 함이니라"(막 10:43-45)고 섬김에 대하여 가르치셨다.

선교사는 종의 태도로 섬기는 자가 되어야 한다. 선교의 현장에서 경제적·교육적·문화적 우월감으로 현지인들을 무시하는 태도를 보인다면 그들의 마음을 얻을 수 없다. 가식을 덮으려 해도 태도는 안색으로 얼굴에 나타나기 때문이다.

선교사가 예수가 보여주신 종의 태도로 섬길 때 말씀의 능력이 나타나고 생명의 열매를 맺을 수 있다. 사도 베드로는 "맡은 자들에게 주장하는 자세를 하지 말고 양 무리의 본이 되라"(벧전 5:3)고 하였다.

온유하고 겸손한 태도

선교사는 온유하고 겸손한 태도를 가질 때 현지인들과의 좋은 관계를 유지할 수 있다. 온유한 태도는 리더의 덕목이며 리더십의 영향력이다.

모세는 200만 이상 되는 이스라엘 백성을 광야에서 40년간이나 지도했던 인류 역사상 가장 위대한 지도자였다. 모세의 리더십의 원동력은 그의 온유함이었다. "이 사람 모세는 온유함이 지면의 모든 사람보다 더하더라"(민 12:3)고 말할 정도였다.

예수님은 "나는 마음이 온유하고 겸손하니 나의 멍에를 메고 내게 배우라 그리하면 너희 마음이 쉼을 얻으리니 이는 내 멍에는 쉽고 내 짐은 가벼움이라"(마 11:29-30)고 하셨다.

선교사가 겸손하고 온유한 태도로 사명을 감당하면 그 멍에는 쉽고 가벼워진다. 그러나 오만하고 거만한 태도와 불평과 원망하는 태도로 한다면 선교는 선교사 자신에게는 큰 짐이 되고, 그런 선교사는 선교 대상자들에게 부담스러운 존재일 뿐이다.

복종의 태도

복종의 태도는 선교사를 보내신 예수를 대하는 태도이다. 선교사는 성령이 불러 사명을 주어 보낸 사람이다. 따라서 성령의 인도하심을 따라 복종해야 한다. 사울 왕이 하나님의 명령에 순종하지 않자 사무엘이 사울 왕에게 "여호와께서 번제와 다른 제사를 그의 목소리를 청종하는 것을 좋아하심같이 좋아하시겠나이까 순종이 제사보다 낫고 듣는 것이 숫양의 기름보다 나으니"(삼상 15:22)라고 말했다.

건강한
공동체
세우기 5

선교의 역사와 미래 과제

■■■

요한과 예수의 만남으로부터 시작된 복음 전파는 예수의 제자들에 의해 급속하게 퍼져나갔다. 예수는 그의 공생애 기간에 열두 명의 사도를 택하여 땅 끝까지 복음을 전하라는 사명을 맡겨 주셨다. 사도들은 그들의 목숨을 아끼지 않고 주의 복음을 전하며 교회를 세웠다.

사도들이 죽은 다음에는 교부들에 의해 복음 전파 사역이 계속되었다. 교부란 교회의 아버지라는 뜻으로 기독교 신학의 주춧돌을 놓은 이들이다.

대표적으로 서머나 교회의 감독이었던 폴리갑은 헌신적으로 선교 활동을 한 사람이었다. 요한의 제자로 에베소 교회의 감독이며, 이레네우스의 스승이었다. 폴리갑은 A.D. 155년 서머나 지역에 일어난 심한 박해 가운데 체포되어 예수를 부인하면 살려 주겠다는 제안을 거부하고, "지난 86년간 예수는 단 한 번도 나를 모른다고 하지 않으셨는데 내가 어떻게 그분을 모른다고 할 수 있겠느냐"며 순교의 길을 택했다.

폴리갑 외에도 터툴리안, 오리겐, 성 어거스틴 등 초대교회의 교부들은 복음 전파의 사명을 계속했다. 그리고 중세기까지는 수도원을 중심으로 유럽 전역으로 복음이 확장되어 나갔다.

종교개혁에 힘을 쏟는 동안 정체되었던 개신교의 선교 활동은, 19세기 부흥운동을 계기로 수많은 젊은이들이 선교사로 헌신하면서 세계를 향해 복음의 빛을 비추게 되었다. 그 영향으로 동방의 한 작은 나라 한국에까지 복음이 전해진 것이다.

사도시대부터 지금까지 선교가 어떻게 진행되어 왔는지 사도행전과 교회사를 살펴보며 미래의 선교를 생각해 보자.

사도시대의 선교

사도시대의 선교는 예수가 승천하시면서 "오직 성령이 너희에게 임하시면 너희가 권능을 받고 예루살렘과 온 유대와 사마리아와 땅 끝까지 이르러 내 증인이 되리라"(행 1:8)고 하신 것같이 예루살렘으로부터 복음 전파가 시작되어 세상으로 확산되어 나갔다. 누가는 사도시대 교회의 모습과 그들의 사역을 사도행전에 자세하게 기록하였다. 예수가 승천한 후 다락방에 모여 기도하던 예수의 제자들이 성령 강림을 경험한 후 복음 전파의 선교 사역이 시작되었다.

사도시대의 선교는 두 가지 큰 장벽을 넘어야 했다. 율법주의 시대를 끝으로 복음주의 시대의 문을 열면서 유대교 전통의 장벽이 선교의 길을 막고 있었다. 바리새파와 사두개파 사람들은 교회를 박해하였다. 사도 야고보와 스데반이 예루살렘에서 순교하였고, 예루살렘 성전이 무너진(A.D. 70) 후 예루살렘 교회는 사방으로 흩어져 갔다.

교회를 박해하는 것은 유대인들만이 아니었다. 로마 황제 숭배를 강요하는 로마제국의 박해를 받았지만 초대교회 성도들은 주의 복음을 전하는 일을 멈추지 않았다.

요즘 교회들에 미셔널 처치(Missional Church) 운동이 일어나고 있다. 선교 중심의 교회로 체질을 개선하겠다는 움직임이다. 이 장에서는 선교 중심의 초대교회, 예루살렘 교회와 안디옥 교회를 돌아보며 어떻게 미셔널 처치가 세워져야 하는지를 생각해 본다.

한국 교계에서는 선교의 방법과 전략에 대하여 많은 논의가 진행되어 왔다. 사도행전을 중심으로 바울이 행한 선교 사역의 방법과 전략을 살펴보고 오늘의 선교에 어떻게 적용할 수 있는지를 생각한다.

1) 선교의 뿌리

요즘은 교회마다 선교 지향적 교회가 되기 위해 노력하고 있다. 진정한 미셔널 처치가 어떤 교회인가를 알기 위해서 세계선교의 뿌리인 예루살렘 교회와 안디옥 교회의 모습을 살펴보는 것이 좋겠다. 현대사회와 상황은 다르지만 미셔널 처치의 모습을 찾아볼 수 있기 때문이다.

예루살렘 교회

예수가 승천하신 후 사도들과 제자들이 마가의 다락방에 모여 기도하는 것으로 교회가 시작되었다. 세계선교의 근원지가 된 예루살렘 교회의 특징을 살펴보자.

예루살렘 교회는 성령의 강림을 경험한 교회다.

마가의 다락방에 120명의 성도들이 모여 기도에 힘쓸 때 성령 강림을 경험하고, 성도들이 각각 다른 방언으로 말하기 시작하였다. 그런 소란이 일어나자 예루살렘에 모였던 사람들이 "우리는 바대인과 메대인과 엘람인과 또 메소보다미아, 유대와 갑바도기아, 본도와 아시아, 브루기아와 밤빌리아, 애굽과 및 구레네에 가까운 리비야 여러 지방에 사는 사람들과 로마로부터 온 나그네 곧 유대인과 유대교에 들어온 사람들과 그레데인과 아라비아인들인데 우리가 다 우리의 각 언어로 하나님의 큰 일을 말함을 듣는도다"(행 2:9-11)라고 하였다.

이란과 이라크, 터키 전역과 이집트와 북아프리카 및 키프러스 섬에서 모여온 사람들이 자기 나라 방언으로 말하는 것을 들었다. 성령의 강림으로 다른 언어 문화권 사람들에게 복음이 전해지기 시작한 것이다.

예루살렘 교회는 봉사하는 교회였다.

성령이 충만한 베드로의 설교를 듣고 3천 명이나 되는 사람들이 회개하고 예수의 이름으로 세례를 받았다. 예수는 "오직 성령이 너희에게 임하시면 너희가 권능을 받고 예루살렘과 온 유대와 사마리아와 땅 끝까지 이르러 내 증인이 되리라"(행 1:8)고 하셨는데, 성령 강림의 날에 이미 많은 지역의 사람들이 예수의 이름으로 세례를 받은 것은 세계선교의 전주곡이었다.

3천 명이나 되는 사람들의 삶은 완전히 변화되어, 사도의 가르침을 받으며 서로 교제하고 떡을 떼며 오로지 기도하기를 힘썼다(행 2:42). 예루살렘 교회는 세계 각처에 흩어져 살다가 예루살렘을 방문한 3천 명의 디아스포라 유대인에게 세례를 베풀고 복음을 가르쳤다.

예루살렘 교회는 그들이 함께 모여 기도하고 성경을 공부할 수 있도록 그들의 필요를 채우고 봉사하였다(행 2:44-47, 4:34-35).

예루살렘 교회는 복음을 전하는 교회였다.

예루살렘 교회 성도들은 "종들로 하여금 담대히 하나님의 말씀을 전하게 하여 주시오며 손을 내밀어 병을 낫게 하시옵고 표적과 기사가 거룩한 종 예수의 이름으로 이루어지게 하옵소서"(행 4:29-30)라고 기도하였다. 이들은 또다시 성령의 강림을 경험하며, 무리가 다 성령이 충만하여 담대히 하나님의 말씀을 전하였다. 복음을 전하는 것은 사도들만의 일이 아니었다. 모든 성도들이 담대하게 복음을 전하기 시작한 것이다.

예루살렘 교회의 집사들은 믿음과 성령이 충만한 사람들이었다. 스데반은 복음을 외치다가 순교자가 되었고, 빌립 집사는 성령이 충만하여 사마리아에 내려가 복음 전파 사역을 감당하였다.

예루살렘 교회는 기적을 경험하는 교회였다.

예루살렘 교회에서는 날마다 기적이 경험되었다. 많은 병자들이 고침을 얻자 이스라엘 각 지역에 소문이 퍼져, 사람들은 병든 사람을 메고 거리에 나가 환자를 침대 위에 누이고, 베드로가 지날 때 혹시 그의 그림자라도 덮일까 하여 모여든 병든 자들과 귀신 들린 자들이 나음을 받았다(행 5:15-16).

헤롯이 베드로를 죽이려는 전날 밤에 예루살렘 교회 성도들이 기도할 때 천사가 나타나 베드로는 자신을 묶었던 쇠사슬이 끊어지고 옥문이 열리는 기이한 일을 경험하였다(행 12:1-19).

예루살렘 교회는 흩어지는 교회였다.

예루살렘 교회는 예루살렘에 거주하는 유대인뿐만 아니라 세계 여러 곳에서 예루살렘을 방문한 헬라파 유대인들을 섬기고 말씀으로 양육하였다. 예루살렘 교회에서 양육된 디아스포라 유대인들은 예루살렘에 박해가 일어나자 각자 그들이 온 곳으로 돌아가 예수의 복음을 전하였다.

안디옥 교회

스데반의 일로 박해가 일어나자 예루살렘 교회 신도들이 자신들이 온 곳으로 흩어져 갔다. 유대인들은 유대인들에게만 말씀을 전했지만 그중에 구브로와 구레네 사람 몇 사람이 안디옥으로 가서 헬라인들에게 예수를 전하여 많은 사람들이 믿고 주를 따라 안디옥 교회가 생겼다(행 11:19-21).

안디옥 교회는 구제하는 교회였다.

안디옥 교회는 예루살렘 교회의 지교회 같은 형태의 관리 체계를 가졌음에도 유대 지방에 큰 흉년이 들었을 때 형제들이 힘껏 부조를 마련해서 바나바와 사울을 통해 예루살렘 교회로 보냈다(행 11:8-30). 안디옥 교회의 나눔은 교회가 재난 지역에 구제비를 보내는 첫 사례가 되었다.

안디옥 교회는 말씀을 공부하는 교회였다.

안디옥 교회에는 선지자들과 교사들이 있었다. 바나바와 니게르라 하는 시므온과 구레네 사람 루기오와 분봉왕 헤롯의 젖동생 마나엔과 및 사울이었다. 안디옥 교회의 지도자였던 "바나바는 착한 사람이요 성령과 믿음이 충만한 사람"(행 11:24)이었다. 착하고 성령과 믿음이 충만한 사람이 지도하는 안디옥 교회는 말씀의 가르침이 있는 교회였다. 바울은 교사로서의 은사가 있어 가르침에 능한 자였다. 안디옥 교회는 이와 같은 좋은 목사와 교사들을 통해 공부한 성경 말씀 위에 세워진 교회였다.

안디옥 교회는 기도하는 교회였다.

안디옥 교회 성도들이 금식하며 기도할 때에 성령의 음성이 들려왔다. 안디옥 교회는 "내가 불러 시키는 일을 위하여 바나바와 사울을 따로 세우라 하시니 이에 금식하며 기도하고 두 사람에게 안수하여 보내니라"(행 13:2-3)라는 명령을 받아 선교사를 파송하는 첫 교회가 되었다.

예루살렘 교회와 안디옥 교회에는 선교를 위한 지도자들이 있었고, 복음을 위해 사는 집사들이 있었다.

선교하는 교회의 지도자들은 부활의 증인이었다.
그들은 예수를 경험하였고, 부활한 주님을 만난 사람들이었다. 그들은 봉사의 직분뿐 아니라 기도와 말씀 사역에 충실한 사람이었다. 그들의 가르침으로 사람들의 마음이 감동되어 회개의 역사가 일어나고 병 고침과 귀신이 쫓겨 가는 역사가 일어났다. 그들은 고난과 순교를 두려워하지 않았으며, 그들의 삶은 성도들에게 신앙생활의 본이 되었다.

선교하는 교회의 집사들은 믿음과 성령이 충만한 사람들이었다.
그들은 교회에서 성도의 필요를 채우고 나누는 사역뿐 아니라 복음을 전하는 자들이었다. 스데반 집사는 기독교 역사상 첫 순교자가 되었고, 빌립은 전도자가 되었다. 선교하는 교회의 성도들은 기도하는 사람이었고, 말씀을 사모하는 사람들이었다. 그들은 이웃의 필요를 위해 밭과 집을 팔아 나누었으며, 손님들을 집으로 초대하여 대접하기를 즐겨하는 사람들이었다. 선교하는 교회의 성도들은 사회적 지위의 높고 낮음이나 부자나 가난한 자를 막론하고 교회 안에서 차별하지 않고 서로 사랑으로 감쌌다.

선교하는 교회는 성령의 통치 아래 있는 교회였다.
초대교회의 조직은 간편하여 사람이 자기의 생각을 주장하지 않았고, 조직력으로 움직이는 교회가 아니라 성령의 인도하심을 따르는 교회였다. 교회에는 사랑이 충만하여 세상 사람들로부터 그리스도인이라고 칭찬을 받았다. 그들은 복음을 담대하게 전하기 위해 금식하며 기도하는 성령이 충만한 교회였다.

2) 바울의 선교 사역

교회와 선교사는 가장 효과적이고 필수적인 선교 방법이 무엇인지 생각하게 된다. 최초의 선교사였던 바울이 어떻게 선교했는지 살펴보자. 누가는 바울의 선교 행적을 사도행전에 자세히 기록해 두었기 때문에 바울의 사역을 잘 알 수 있다.

성령의 인도하심을 따라
바울은 아시아 지역에 복음을 전하려고 했지만, 성령이 그들을 마게도냐로 인도하여 유럽의 선교 사역을 감당하게 하셨다(행 16:6-10). 바울이 성령의 인도하심을 따름으로 세계의 역사가 바뀌었다.

바울은 2차 선교여행을 마치고 에베소를 방문하였을 때, 그들에게 작별하며 "만일 하나님의 뜻이면 너희에게 돌아오리라"(행 18:21)고 하였다. 이처럼 바울은 하나님의 뜻을 살피면서 성령이 인도하시는 곳으로 갔다. 3차 여행 기간에는 3년이라는 긴 시간을 에베소에서 보내며 큰 복음의 역사를 이루었다.

바울에게 로마로 가는 것은 죽음이 기다리는 길이었지만, "네가 예루살렘에서 나의 일을 증언한 것같이 로마에서도 증언하여야 하리라"(행 23:11)는 예수의 말을 듣고 로마로 가는 길을 택하였다.

말씀 사역

바울은 스스로를 "내가 이 복음을 위하여 선포자와 사도와 교사로 세우심을 입었노라"(딤후 1:11)고 하였다. 그는 가는 도시마다 유대교 회당을 찾아가 모세의 율법과 선지자의 글을 통해 예수가 그리스도인 것과 그의 부활을 선포하였다. 그는 돌에 맞고 감옥에 갇히는 고난을 겪었지만 복음을 전하는 일을 멈추지 않았다.

바울은 "내가 달려갈 길과 주 예수께 받은 사명 곧 하나님의 은혜의 복음을 증언하는 일을 마치려 함에는 나의 생명조차 조금도 귀한 것으로 여기지 아니하노라"(행 20:24)고 하였다.

에베소에서 바울은 회당에서 가르치는 것을 방해하는 무리를 피해 두란노 서원을 세우고 2년 동안 제자들을 따로 세우고 날마다 강론하였다. 바울은 교사로서 사역의 결과로 아시아에 사는 자는 유대인이나 헬라인이나 다 주의 말씀을 듣게 되었다(행 19:9-10).

말씀 사역은 사람의 심령에 하나님의 나라를 세우는 일이다.

교회 설립

바울과 디모데와 실라가 2차 선교여행 길에 성령이 마게도냐 지역으로 보내시는 것을 깨닫고, 무시아에서 마게도냐에 도착해서 처음 간 곳이 빌립보였다. 일행이 기도할 곳을 찾아 강가에 갔다가 만난 자주 장사 루디아라는 여인이 복음을 받고 그 집이 다 세례를 받았다. 루디아는 바울 일행을 그 집에 머물게 하므로 빌립보에 교회가 서게 되었다(행 16:11-15). 루디아의 집은 바울이 떠난 후에도 형제들이 모이는 곳이었다(행 16:40).

고린도 교회에 보내는 편지에서도 "아시아의 교회들이 너희에게 문안하고 아굴라와 브리스가와 그 집에 있는 교회가 주 안에서 너희에게 간절히 문안하고"라고 하였다(고전 16:19). 아시아에 여러 교회가 세워지고 아굴라의 집에도 교회가 세워졌음을 볼 수 있다.

3차 전도여행을 마치고 감옥에 있으면서 빌레몬에게 보내는 편지에서도 "우리의 사랑을 받는 자요 동역자인 빌레몬과 자매 압비아와 우리와 함께 병사 된 아킵보와 네 집에 있는 교회에 편지한다"고 말한다(몬 1:1-2). 바울이 가는 곳마다 전도하여 결신자들이 가정에 모여 교회가 세워졌다.

헌신적 봉사

바울은 선교여행 중에 솔선수범하며 봉사하는 사람이었다. 죄수들을 로마로 호송하던 배가 풍랑에 휩쓸려 여러 날 동안 해도 별도 보이지 않는 암흑 가운데 있을 때, 바울은 선원들을 안심시키며 그들에게 용기를 주고 음식을 먹게 하였다. 선원들은 도망하려고 하고 백부장과 군인들은 어찌할 바를 몰라하는 상황에서 바울은 사람들을 섬기는 헌신적인 모습을 보여준다(행 17:1-44).

276명이나 되는 사람들이 멜리데라 하는 섬에 이르러, 원주민들이 모닥불을 피워 도움을 줄 때에 바울이 땔감을 구해 오는 모습을 보면 그는 헌신적인 봉사자임을 알 수 있다.

바울은 그 어느 사도보다도 열심히 사역하면서 "내가 나 된 것은 하나님의 은혜로 된 것이니 내게 주신 그의 은혜가 헛되지 아니하여 내가 모든 사도보다 더 많이 수고하였으나 내가 한 것이 아니요 오직 나와 함께 하신 하나님의 은혜로라"(고전 15:10)고 고백하였다. 헌신적인 봉사의 삶도 하나님의 은혜로 감당할 수 있는 것이다.

현지 사역자 양성

사도 바울의 사역의 특징은 현지에서 사역자들을 양성해서 함께 사역한 것이다. 디모데는 바울이 1차 여행 중에 루스드라에서 돌에 맞아 죽음 직전까지 가면서 복음을 전하여 얻은 귀중한 제자였다. 바울은 디모데를 아들과 같이 아꼈으며, 그가 세운 교회들을 디모데에게 맡겼다.

바울은 현지 사역자를 양육하여 그들을 동역자의 자리에 오르도록 하였다. 바울은 그의 동역자들을 귀하게 여기고 존중했다.

치유 사역

바울이 선교 사역을 시작하자 치유의 능력이 나타나기 시작했다. 바울이 1차 여행에 갔던 루스드라에서 발을 쓰지 못하여 걸어 본 적 없는 사람에게 "네 발로 일어서라" 하니 그 사람이 일어나 걸었다(행 14:8-10).

바울이 로마로 호송되던 배가 풍랑에 좌초되어 멜리데 섬에 도착하였을 때 그들을 따뜻하게 맞아 준 보블리오의 아버지의 열병과 이질을 안수하여 낫게 하자 섬에 거주하는 병든 사람들이 와서 고침을 받았다(행 28:8-9).

바울과 동행하며 그의 행적을 기록한 누가는 "하나님이 바울의 손으로 놀라운 능력을 행하게 하시니 심지어 사람들이 바울의 몸에서 손수건이나 앞치마를 가져다가 병든 사람에게 얹으면 그 병이 떠나고 악귀도 나가더라"(행 19:11-12)고 기록하고 있다.

교리의 핵심 정리

이방인의 사도로 부르심을 받은 사도 바울은 이방인 전도에 중대한 걸림돌이 되는 할례 문제를 해결하기 위해 예루살렘에 올라갔다. 예루살렘 총회는 "성령과 우리는 이 요긴한 것들 외에는 아무 짐도 너희에게 지우지 아니하는 것이 옳은 줄 알았노니 우상의 제물과 피와 목매어 죽인 것과 음행을 멀리할지니라 이에 스스로 삼가면 잘되리라 평안함을 원하노라 하였더라"(행 15:28-29)는 편지를 안디옥 교회에 보내는 것으로 결론을 내렸다.

바울은 할례에 대하여서는 "그리스도 예수 안에서는 할례나 무할례나 효력이 없으되 사랑으로써 역사하는 믿음뿐이니라"(갈 5:6)고 하였다. 바울은 "복음에는 하나님의 의가 나타나서 믿음으로 믿음에 이르게 하나니 기록된 바 오직 의인은 믿음으로 말미암아 살리라 함과 같으니"(롬 1:17)라고 하였고, "또 하나님 앞에서 아무도 율법으로 말미암아 의롭게 되지 못할 것이 분명하니 이는 의인은 믿음으로 살리라 하였음이라"(갈 3:11)고 하여 기독교의 기본 교리를 말씀으로 정리하였다.

3) 바울의 선교 전략

전략이 선교의 중요한 부분을 차지하기 때문에 그동안 많은 선교 전략이 개발되어 왔다. 복음을 전하는 데 있어 접근 방식과 선교의 도구들을 어떻게 이용할지 여러 가지 전략들이 제안된 것이다. 여기서 바울은 어떤 전략으로 그의 선교 영역을 전 로마제국으로 확장했는지 살펴보자. 현대에 어떻게 바울의 선교 전략을 활용할 수 있을지 참고가 될 것이다.

국가와 인프라 이용

사도 바울은 로마제국의 주요 도시에 선교 전략 기지를 두었다. 당시 로마는 '팍스 로마나'(Pax Romana)로 불리는 태평성대였으며, 그

레코-로만(Greco-Roman) 문화를 꽃피우던 시대여서 도시들이 발달해 있었다. 로마제국에는 로마를 중심으로 알렉산드리아(Alexandria of Egypt)와 시리아 안디옥(Syria Antioch)이 큰 도시로 부상해 있었다.

바울의 선교는 시리아 안디옥을 본부로 하여 로마시대의 도시 복음화 전략을 실천해 나갔다. 바울은 마게도냐 지역의 주요 도시인 빌립보, 데살로니가, 고린도, 아덴 등에서 전도하여 교회를 세우고, 아시아 지역에서는 에베소를 중심으로 교회를 세워 나갔다. 바울은 아시아와 마게도냐의 주요 도시에 복음을 전한 후에는 로마를 제2의 중심기지로 하여 로마제국의 땅 끝인 스페인까지 복음을 전할 전략이었다. 그는 육로와 배를 이용하여 모든 지역을 다녔는데, 로마제국의 도로가 있어 바울의 선교는 가능했다.

우리는 바울 시대와는 비교할 수 없이 편리하고 빠른 항공과 육상도로를 통해 선교지에 접근할 수 있으니 감사한 일이다. 더욱이 정보화 시대에 세계 어느 곳이든지 통신이 가능한 시대를 맞아 더욱 전략적인 선교를 구상할 수 있다.

자비량 선교

바울 선교의 특징은 자비량 선교라는 점이다. 바울의 생업은 천막 만드는 일이었다. 그가 2차 여행에서 고린도에 이르렀을 때에 아굴라와 브리스길라 부부를 만났는데 그들 역시 생업이 같아, 함께 지내며 천막 만드는 일을 통해 생활비를 충당하며 선교 사역을 감당했다(행 18:1-3). 바울은 교회에 재정적인 부담을 주지 않으려고 동료들이 필요한 재정까지도 본인이 일을 통해 마련하려고 노력하였다.

바울이 3차 여행을 마치고 예루살렘으로 돌아가는 길에 밀레도에서 에베소에 장로들을 초청하여 고별 인사를 하면서 "내가 아무의 은이나 금이나 의복을 탐하지 아니하였고, 여러분이 아는 바와 같이 이 손으로 나와 내 동행들이 쓰는 것을 충당하여 범사에 여러분에게 모본을 보여준 바와 같이 수고하여 약한 사람들을 돕고 또 주 예수께서 친히 말씀하신 바 주는 것이 받는 것보다 복이 있다 하심을 기억하여야 할지니라"(행 20:33-35)고 하였다.

앞으로 교회의 선교 지원이 어려워지고 있어 선교사들의 자립 정책이 시급하다.

구제 사역

이방인의 사도로 부르심을 받은 바울이 중요하게 생각했던 것은 가난한 자들을 돕는 것이었다. 바울은 교회가 서로 간에 구제하는 일을 중요하게 생각했다.

바울은 로마 교회에 보내는 편지에서 "이는 마게도냐와 아가야 사람들이 예루살렘 성도 중 가난한 자들을 위하여 기쁘게 얼마를 연보하였음이라 저희가 기뻐서 하였거니와 또한 저희는 그들에게 빚진 자니 만일 이방인들이 그들의 영적인 것을 나눠 가졌으면 육적인 것으로 그들을 섬기는 것이 마땅하니라"(롬 15:26-27)고 하였다. 바울은 구제하는 일에 교회가 적극적으로 동참할 것을 말하고 있다.

고린도 교회에 보내는 편지에서는 "내가 이 형제들로 먼저 너희에게 가서 너희가 전에 약속한 연보를 미리 준비하게 하도록 권면하는 것이 필요한 줄 생각하였노니 이렇게 준비하여야 참 연보답고 억지가 아니니라 이것이 곧 적게 심는 자는 적게 거두고 많이 심는 자는 많이 거둔다 하는 말이로다 각각 그 마음에 정한 대로 할 것이요 인색함으로나 억지로 하지 말지니 하나님은 즐겨 내는 자를 사랑하시느니라"(고후 9:5-7)고 하였다. 바울은 그가 개척하여 설립한 교회를 통하여 다른 연약한 교회를 돕도록 독려하고 있다.

선교 네트워크

바울은 에베소에서 사역을 마치고 예루살렘으로 가기 전에 마게도냐와 아가야 지방을 거쳐 예루살렘으로 갔다가 로마에 갈 준비를 하면서, 디모데와 에라스도 두 사람을 먼저 마게도냐로 보낸다(행 19:21-22). 그가 전도하고 세운 교회들이 상호 간에 연결되어 있고 사역자들의 교류가 있는 것을 알 수 있다.

바울의 선교 비전은 로마에 머물지 않고, 로마제국의 땅 끝인 스페인까지 이어지고 있었다. 안디옥에서 시작된 선교는 아시아에서는 에베소에 전략기지를 두었고, 마게도냐와 아가야 지방으로 이어져 있다.

바울은 로마 교회가 스페인 선교를 지원하기를 바라는 마음으로 "이제는 이 지방에 일할 곳이 없고 또 여러 해 전부터 언제든지 서바나로 갈 때에 너희에게 가기를 바라고 있었으니 이는 지나가는 길에 너희를 보고 먼저 너희와 사귐으로 얼마간 기쁨을 가진 후에 너희가 그리로 보내 주기를 바람이라"(롬 15:22-24)고 편지를 보냈다. 바울은 이렇게 세운 교회의 네트워크를 통하여 선교를 확장해 나갔다.

팀 사역

바울의 선교 비전은 소아시아와 마게도냐, 아가야를 넘어 로마와 스페인까지 복음을 전하는 것이었다. 전 로마제국을 복음으로 정복하겠다는 비전을 가진 바울은 가는 곳마다 제자들을 양육하고 훈련하여 동역자가 되게 하였다.

누가는 의사로서 바울의 선교여행에 동참하였으며 바울의 건강을 살펴 주고 바울의 선교 사역을 사도행전에 기록하였다. 예루살렘 교회의 선지자였던 실라(행 15:32)는 바울의 2차 선교여행에 동참하여 감옥에도 갇히며 동역했다. 디모데는 바울이 아들과 같이 아끼던 청년으로 바울이 필요로 하는 곳에는 어느 곳이든 달려가서 바울을 돕던 동역자(롬 16:21)였다. 바울은 디도를 고린도 교회에 보내면서 "디도로 말하면 나의 동료요 너희를 위한 나의 동역자요 우리 형제들로 말하면 여러 교회의 사자들이요 그리스도의 영광이니라"(고후 8:23)고 하였다. 바나바와는 마가의 문제로 결별하였지만, 마가는 후에 바울의 동역자로 활동하였다(딤후 4:1).

바울에게는 브리스길라와 아굴라, 에바브라, 에바브로디도, 빌레몬, 두기고, 드로비모, 아리스다고, 더디오, 아데마 등 많은 동역자들이 있었다. 이들은 서로 협력하며 하나의 선교팀이 되어 소아시아 지역과 마게도냐 및 로마의 교회를 위해 사역하였다.

문서 선교

사도 바울의 특징은, 육신적으로는 갈 수 없지만 각 교회에 편지로 말씀을 전했다는 것이다. 그는 "곧 계시로 내게 비밀을 알게 하신 것은 내가 먼저 간단히 기록함과 같으니 그것을 읽으면 내가 그리스도의 비밀을 깨달은 것을 너희가 알 수 있으리라"(엡 3:3-4)고 하면서 기록을 통해 교회의 신앙을 세워 나갔다. 바울은 "모든 성경은 하나님의 감동으로 된 것으로 교훈과 책망과 바르게 함과 의로 교육하기에 유익하니 이는 하나님의 사람으로 온전하게 하며 모든 선한 일을 행할 능력을 갖추게 하려 함이라"(딤후 3:16-17)고 하였다.

사도 베드로는 "또 우리 주의 오래 참으심이 구원이 될 줄로 여기라 우리가 사랑하는 형제 바울도 그 받은 지혜대로 너희에게 이같이 썼고 또 그 모든 편지에도 이런 일에 관하여 말하였으되 그 중에 알기 어려운 것이 더러 있으니 무식한 자들과 굳세지 못한 자들이 다른 성경과 같이 그것도 억지로 풀다가 스스로 멸망에 이르느니라"(벧후 3:15-16)고 하며 바울 서신의 성경적 권위를 인정하였다.

사도 바울은 전도와 여행, 그리고 감옥생활을 하면서도 많은 서신들을 남겼고, 그것이 성경으로 우리 손에까지 전해지고 있다.

선교 사역의 승계

바울은 예루살렘으로 돌아가면 다시 돌아올 수 없다는 것을 알고, 밀레도에서 에베소 교회 장로들을 초청해서 에베소 교회를 맡기는 유언을 남긴다.

행 20:31-32 "그러므로 여러분이 일깨어 내가 삼 년이나 밤낮 쉬지 않고 눈물로 각 사람을 훈계하던 것을 기억하라 지금 내가 여러분을 주와 및 그 은혜의 말씀에 부탁하노니 그 말씀이 여러분을 능히 든든히 세우사 거룩하게 하심을 입은 모든 자 가운데 기업이 있게 하시리라."

여기서 바울은 에베소 교회를 이끌어 갈 장로들을 '주와 그 은혜의 말씀'에 부탁한다고 말한다. 떠남을 준비하는 선교사라면 깊이 생각해 보아야 할 말씀이다. 선교지에서 다음 세대의 지도자들을 양성하되 주님에게 추천할 만한 사람들로 훈련해야 한다. 하나님의 은혜의 말씀으로 훈련하는 것이다.

2.

사도시대 이후의 선교

사도시대의 선교, 특히 바울의 선교는 사도행전에 자세히 기록되어 있어 그가 어떻게 살았는지 잘 알 수 있다. 사도행전의 초반부에는 베드로의 사역이 소개되어 있어 사도 베드로의 사역을 조금은 엿볼 수 있다. 초대교회의 열두 사도들은 모두 바울과 베드로와 같이 열정적인 복음 전파의 사역을 감당하다가 순교하였다.

로마제국의 박해로 수많은 성도들이 순교하였고, 기독교인들은 로마의 지하 땅굴에 살면서도 신앙을 버리지 않았다. 그들은 사랑과 인내와 섬김으로 복음을 확장하여 마침내 로마제국을 복음으로 정복하였다.

초대교회의 많은 교부들이 교회의 버팀목이 되었고, 그들은 기독교의 교리를 정립했다. 기독교가 로마의 국교가 되자 기독교인의 숫자가 급격히 늘어났지만 교회는 세속화의 길에 빠지고 말았다. 이에 신앙의 순수성을 지키기 위해 수도원을 중심으로 복음 전파의 사명이 계속되었다.

종교개혁 이후에 개신교회는 선교의 역량을 갖추지 못해 선교가 정체될 수밖에 없었다. 그러나 19세기 부흥운동과 함께 서방세계의 젊은이들이 선교사로 헌신하였다. 마가의 다락방에 성령의 강림으로 선교가 시작된 것처럼, 19세기의 부흥운동은 수많은 젊은이들이 선교사로 헌신하는 결과를 가져온 것이다.

19세기의 부흥운동은 한국 선교에 미친 영향이 크다. 많은 선교사들이 한국에 입국하여 병원, 학교, 교회를 세우고 한국의 개화를 이끌었다. 1907년에 평양에서 일어난 대부흥의 역사는 한국교회가 급성장하는 기회가 되었고, 오늘의 한국교회가 선교하는 교회가 되도록 하였다.

1) 초대교회에서 중세기까지

오순절 성령 강림 후에 예루살렘 교회에서 시작된 복음 전파의 불길은 로마제국 전체로 퍼져갔다. 로마의 평화 시대(Pax Romana)는 지역 간의 분쟁과 전쟁이 그친 시대였고, 로마의 교통망 또한 복음 전파에 큰 역할을 했다. 제국의 공식 언어인 코이네 헬라어(Koine Greek)가 모든 지역에서 사용되었기 때문에 바울과 디모데와 같은 유대인 디아스포라들이 복음 전파에 크게 기여하였다. 유대인 디아스포라에 의한 복음 전파가 점차 이방인 지도자들을 양산해 나갔다.

디도 장군이 이끄는 로마군에게 예루살렘이 점령되고 성전은 파괴되었다(A.D. 70). 유대인들은 이스라엘에 입국할 수 없는 상황이 되어 세계로 흩어져 감으로써 기독교의 세계화가 시작되었다. 예루살렘 교회에서 예수의 이름으로 세례를 받은 많은 유대인 신도들은 미개척지로 가서 교회들을 세웠다.

초대교회 성도들의 삶의 대명사는 고난과 순교였다. 예수의 열두 제자 중 요한을 제외한 모든 제자들이 순교의 길을 걸었다. 베드로는 아시아 지역을 거쳐 로마에 가서 순교하였고, 야고보는 아가야에서, 빌립은 소아시아 브루기아에서 죽었다. 바돌로매는 아르메니아에서, 도마와 시몬(셀롯)은 인도에서 순교하였다. 마태와 맛디아는 에티오피아에서 죽임을 당했고, 야고보는 예루살렘 성전에서 떨어뜨림을 당했다. 로마에 간 바울은 네로에 의해 순교하였다.

로마의 네로 황제 때부터 시작된 기독교에 대한 박해는 4세기 초반까지 조직적으로 계속되었다. 유일신 사상을 가진 기독교인들이 황제 숭배를 거부함으로 많은 박해가 가해진 것이다.

로마시대에 카타콤은 또 다른 형태의 교회의 모습이었다. 기독교인들은 황제의 박해를 피해 지하에 땅굴을 파고 생활하며 신앙 신조를 꺾지 않았다. 초대교회의 선교는 조직화되지 않았지만 기독교인 개개인이 자발적으로 복음을 전하였다. 많은 무명의 선교사들은 군인, 상인 등의 이동 경로를 따라 복음을 전파하였다. 초대교회 신자들의 삶은 사랑의 실천이었고, 희생적인 섬김으로 예수의 가르침을 실천하였다.

사도들의 순교 이후에는 교부들에 의해 교회가 지켜지고 선교가 이루어졌다. 이 시대를 교부시대 또는 속사도시대라고 한다. 당시 기독교가 교리적으로 정리되어 있지 않아 많은 이단이 일어나고 있어 교부들은 교리의 정립과 정경 확정 등의 사명을 감당하였다.

교부시대는 로마의 기독교 박해가 극에 달하는 시기였다. 카르타고의 교부 터툴리안(Tertullian, 155~240)은 "우리를 십자가에 못 박아라. 우리를 고문하라. 우리를 저주하라. 우리를 멸하라. 그러나 그대들의 잔인함은 아무것도 이루지 못할 것이다. 우리가 베어 버림을 당하면 당할수록 우리의 수는 그만큼 더 늘어날 것이다. 왜냐하면 순교자들의 피는 교회의 씨앗이기 때문이다"라고 말했다.

사도들과 교부들의 순교의 피가 헛되지 않았다. 복음이 로마제국을 정복한 것이다. 콘스탄틴 황제의 밀라노 칙령(A.D. 313)에 의해 기독교가 공인되었다. 이미 로마의 핵심부인 군인과 귀족층 부인, 상인들에게 기독교가 널리 전해진 상태였다. 기독교가 공인되어 선교는 자유로워지고 밀라노 칙령 이후 100년 동안 기독교 인구는 4배로 증가했다고 한다.

이 당시에 잘 알려진 선교사는 카파도키아 출신 울필라스(Ulfilaas, 311~383) 주교로 341년 고트 지역의 주교로 임명되어, 고트족 문자와 문법을 만들고 고트족 언어로 성경을 번역하여 최초의 번역 선교사가 되었다.

스페인과 프랑스의 국경지역인 투어스의 마틴(Martin of Tours, 316~397)은 고울(프랑스) 지역에 이교 사원을 허물고 수백 개의 교회를 개척한 후 수도원 제도를 도입하여 수도원 중심의 선교 활동을 시작하였다.

기독교가 로마제국 전역에서 국교화됨에 따라 복음의 순수성이 혼탁해지고, 교회가 인정하는 사람들만 복음을 전할 수 있게 하는 제도적인 병폐가 생겼다. 평신도들의 복음 전파의 열정이 자연스럽게 식어 갈 때, 수도원을 통해 복음의 순수성을 지키는 운동이 일어났다.

성 패트릭(Patric, 389~460)은 30년 이상 아일랜드 선교사로 활동하며 켈틱 교회를 세웠다. 패트릭은 16세 때 노예로 잡혀 아일랜드 섬으로 팔려 갔다. 6년 동안 노예 생활을 한 그는 22세에 탈출하여 프랑스 남단의 수도원에서 몇 년간 생활하며 수도원 생활에 감동을 받고 26세에 고향으로 돌아왔다. 그리고 옥세르에서 14년간 훈련을 받고 아일랜드 선교사로 파송을 받았다.

그는 꿈속에서 아일랜드 사람이 "우리에게로 돌아와서 다시 한 번 우리와 함께 지내 주시오" 하는 음성을 듣고 선교사가 되기로 결심하였다. 30년 동안의 선교 활동 기간에 200개의 교회를 세우고, 10만 명의 개종자에게 세례를 주고 성경 공부를 시켜 다른 사람들을 가르칠 수 있게 하였다. 그는 71세인 460년에 죽었다. 기독교는 아일랜드의 국교가 되었고 수도원 중심의 켈틱 교회가 세워져 중부 유럽 선교의 기지가 되었다.

콜롬바(St. Columba, 521~597)는 왕족 출신으로 그가 누릴 수 있었던 부와 명예를 버리고 선교사로 살았다. 아일랜드 켈틱 교회 출신으로 브리튼 섬과 스코틀랜드를 선교하였다. 그는 300개 이상의 교회와 수도원을 세웠으며, 특히 아이오나 수도원 출신 선교사들이 브리튼 섬과 중부 유럽 선교의 자원으로 활약하였다.

어거스틴(St. Augustine of Canterbury, ?~604)은 앵글족 청년들과 수도사 40명과 팀으로 597년 도버해협을 건넜다. 캔트 왕국의 에델버트(Ethelbert) 왕은 이들에게 포교의 자유를 주었고, 어거스틴은 캔터베리에 대성당을 건축하고 영국의 첫 번째 대주교가 되었다.

어거스틴의 선교팀은 경험이 많은 나이 든 사람들을 팀으로 파송하였으며, 집단 개종을 전략으로 사용하였다. 그들은 캔트에서 북상하여 앵글족과 색슨족에게 선교하고 수백 개의 교회와 수도원을 세웠다. 어거스틴과 그의 선교팀의 선교는 대표적인 야만족이었던 앵글족을 기독교화하면서 영국의 암흑시대는 막을 내리고 세계를 이끌어 가는 기독교 국가가 되게 하였다.

보니페이스(St. Boniface, 675~754)는 716년 네덜란드에서 개척 선교를 하고 있던 성 윌리브로드(St. Willibrord, 658~739)의 사역에 감동을 받아 37년간 개척 선교를 하였다. 그는 일생 동안 교회와 수도원을 조직하고 개척, 선교하며 헤세와 바바리아와 투링기아에 교구를 설립하였다. 그는 722년에 마인츠 관구를 설립하였고, 10년 뒤인 732년에 마인츠에서 대주교가 되었다.

그는 나이가 들자 753년에 마인츠 관구장 직을 내려놓고 다시 프리지아로 돌아와 선교 활동을 계속하였다. 754년 보니페이스는 풀다 강변에서 개종한 기독교인들에게 견진성사를 준비하다가 이교도들의 습격으로 동료들과 함께 순교하였다. 그는 한평생 개척지를 돌며 교구를 신설하고 조직화하며 교회를 개척한, 유럽의 교회 역사에 깊은 영향력을 끼친 선교사로 알려져 있다.

안스가(Ansgar, 801~865)는 801년 아미앵 교구에서 태어나 코비에 있는 수도원에 들어가 이곳에서 우수한 학문을 배웠다. 그는 투어스의 마틴, 커스버트, 보니페이스와 같은 위대한 선교사들에 관한 책을 읽으면서 선교의 소원을 갖게 되었다. 선교사 안스가는 스웨덴, 덴마크, 북유럽의 슬라브족의 감독으로 독일 함부르크를 중심으로 선교 활동을 하였다.

라몬 룰(Lull Ramon, 1235~1315)은 스페인의 부유한 가정에서 출생하였다. 수학자이며 철학자이며 작가였던 룰은 무슬림 선교사로 잘 알려져 있다. 유대교와 이슬람권 전도에 열정이 있었던 그는 200년간의 기독교와 이슬람 간의 전쟁의 막바지에 칼이 아닌 복음으로 무슬림에 접근할 수 있는 새로운 방안을 제시하였다. 그는 "무슬림을 정복하는 것은 사랑과 기도와 눈물로 우리의 삶을 드리는 것밖에 다른 방법이 없다"고 하였다.

선교사로서 무슬림 정복은 복음으로 해야 한다고 주장한 라몬은 무슬림 선교를 위해 9년 동안 준비하였다. 그는 무슬림 전도를 위하여 '아랍어를 학습'하고, '이슬람 문학을 공부'하였고, '무슬림들 사이에서 살아가며 순교자가 된다'는 선교 전략으로 사역을 준비하였다.

1315년 80세 되던 해에 그는 생명이 다한 것을 알고, 알제리의 부기아(Bugia) 도시의 시장에 나가 복음을 외치다가 도시 밖으로 끌려나가 돌에 맞아 순교하였다.

몽테콜비뇨의 존(John of Montercorvino, 1247~1328)은 인디아와 중국에서 선교하였다. 그는 1294년 몽골에서 사역을 시작하여 1328년까지 10만 명의 개종자를 얻었는데 몽골의 쿠빌라이 칸이 기독교 선생 100명을 요청하였다. 교황이 쿠빌라이의 사후에 2명을 파송하였으나 몽골이 라마 불교를 도입함으로 복음화의 기회를 잃어버리고 오늘의 중국이 불교권 국가가 되었다.

몽테콜비뇨의 존은 복음을 들어야 할 대상자의 문화에 박식한 선교사였다. 그는 자신의 서구식 생활양식을 버리고 유목민이었던 몽고족의 생활을 따라 선교하기로 하고, 소그룹을 결성하여 주거지가 없는 유목민들과 함께 생활하게 하며 복음을 전한 결과 성공적인 결과를 거두었다.

로마 가톨릭 선교의 황금기(1492~1793)는 신대륙 선교에 뛰어들었을 때이다. 가톨릭이란 말은 보편적 우주적 교회라는 말이기 때문에 신대륙이 당연히 가톨릭의 교구가 되어야 한다는 개념으로 신대륙 선교에 성공을 거두었다.

2) 19세기 부흥운동과 개신교 선교

1517년 10월 31일 마틴 루터가 가톨릭 교회의 면죄부 판매, 연옥에 대한 교황권 주장, 공로 사상을 비판하는 95개 조항의 반박문을 발표하는 것으로 종교개혁이 공식화되었다. 루터는 오직 성경(Sola Biblia), 오직 은혜(Sola Gratia), 오직 믿음(Sola Fide)을 강조하며 교황 제도 중심의 교회 제도의 개혁을 주도했다.

종교개혁은 유럽의 종교전쟁으로 이어져 서유럽, 중앙유럽, 북유럽이 전쟁에 휘말리게 되었다. 개신교로 개종한 기사들의 반란을 진압하는 소규모 분쟁이 확대되어 유럽 전역에서 30년 종교전쟁(1618~1648)을 겪었다.

종교개혁 이후에 개신교회는 교리 확립과 교회의 제도화로 인해 영성을 잃는 결과를 초래한다. 이런 영적 침체기에 기도와 성경 공부를 중심으로 영성 개발과 개인적인 신앙생활을 강조하는 경건주의 운동이 일어났다.

독일을 중심으로 경건주의 운동을 시작한 스페너(Philip Jacob Spener, 1635~1705)는 세계선교의 불길을 일으켰다. 신앙은 머리가 아닌 뜨거운 가슴에 있다는 신앙운동은, 대학생들이 깊은 관심을 갖게 했다. 그러나 당시 경건주의는 많은 반대에 부딪쳐 박해를 받았다. 그들은 스페너를 중심으로 1694년 할레 대학을 설립하여 경건주의의 요람이 되게 하였고, 18세기의 선교 본부 역할을 하게 되었다.

1706년에는 할레 대학의 교수였던 아우구스트 헤르만 프랑케(August Hermann Franke, 1633~1727)의 지도하에 남인도선교회가 창설되었다. 이는 개신교회 역사에서 처음으로 조직되었던 선교사업 단체로 바르톨로메우스 치겐발크(1683~1719)와 하인리히 프리츠샤우(1677~1752)가 첫 선교사로 파송되었다. 이 선교회는 60명의 선교사들을 파송하였고, 1845년까지 거의 150년간 계속되었다.

최초로 한국에 도착한 선교사로 기록된 귀츨라프도 1803년 독일의 가난한 가정에서 태어나 할레 대학에서 교육을 받고 선교사가 되었다.

모라비아 형제회(Moravian Church)는 18세기 보헤미아에서 등장한 복음주의자들이다. 1722년 모라비아 형제회가 보헤미아 개혁 과정에서 로마 가톨릭의 탄압을 피해 니콜라우스 루드비히 그라프 폰 친첸도르프(Nikolaus Ludwig Graf von Zinzendorf, 1700~1760)에게로 왔다. 친첸도르프는 그들에게 베르텔스도르프 주변의 자신의 소유지를 거주지로 주었다. 그들은 초기 정착기의 어려움을 극복하고 이곳에 헤른후트라는 공동체를 세웠다. 복음주의자들인 모라비안은 해외선교운동을 벌였고, 선교사들은 자비량 선교사들이었다. 그들은 선교지에 정착하기 위하여 목공과 농업기술들을 배워, 토착민들에게 그 기술을 가르쳐 주면서 복음을 전하였다. 성공회 사제인 존 웨슬리의 감리교 창시에도 영향을 준 것으로 알려져 있다.

영국에는 조지 휫필드와 존 웨슬리가 이끄는 부흥운동이 영국을 뜨겁게 달구고 있었지만 아무도 선교에는 관심이 없었다.

윌리엄 캐리(1761~1834)는 1785년에 침례교 목사가 되었는데 《쿡 선장의 항해기》를 읽고 해외선교에 대한 열망과 비전을 갖게 되었다. 세계선교에 눈을 뜬 캐리는 1792년 봄 《이교도 개종에 대한 크리스천의 의무에 대한 연구》라는 책을 써, '세계선교는 크리스천들이 반드시 해야 하는 일'이라고 역설하였다.

1792년 봄 노팅엄에서 개최된 침례교 연합회는, 캐리의 설교에 감동을 받아 침례교선교회를 만들어 캐리와 존 토머스를 인도에 파송하였다. 캐리는 1793년 11월 19일 인도에 도착하여 1년 만에 벵갈어로 창세기, 마태복음, 마가복음, 야고보서를 번역하였다. 1800년에는 덴마크 총독 관할의 세람포로 선교지를 옮겨 34년을 선교하였다.

이 시기에는 캐리 외에도 복음주의자 헨리 마틴(1781~1812), 스코틀랜드의 최초 선교사 알렉산더 더프(1816~1878)가 열정적으로 선교하였다. 영국 성공회 선교사 사무엘 마스덴(1764~1838)은 호주, 뉴질랜드, 태평양 제도에서 40년 이상 선교하였으며, 미국 침례교 선교사 아도니람 저드슨(1788~1850)은 1813년부터 1850년까지 미얀마에서 선교하며 성경을 미얀마어로 번역하였다.

남아프리카 선교회 창시자인 로버트 모펫(1795~1883)과 데이비드 리빙스턴(1813~1873)은 남아프리카에서 선교하였다. 제2차 아편전쟁(1856~1860) 이후 그리스도교에 대한 중국의 관용 정책과 더불어 1865년 허드슨 테일러(1832~1905)가 중국내지선교회를 만들어 선교하였다.

영국에서 일어난 영적 각성 부흥운동은 미국으로 번져 갔다. 청교도들이 미국에 정착한 지 1세기가 지나자 미국은 영적으로 극히 침체된 상황이었다. 2차에 걸친 대각성 이후 미국은 남북전쟁의 살육과 파괴로부터 국가를 재건해야 하는 난관에 직면하고 있었다. 이 시기에 무디(Dwight Moody, 1837~1899)는 미국의 부흥운동을 지도했다. 그는 YMCA운동을 이끌었는데, 1886년 매사추세츠 헬몬 산에서 모인 미국 YMCA 대학생 집회에서 '해외선교를 위한 학생자원운동'(SVM: Student Volunteer Movement)이 시작되었다. SVM은 미국, 영국, 호주로 퍼져 갔고, 수천 명의 대학생 출신 자원 선교사들을 배출했다.

1885년 4월 5일, 미지의 땅이었던 한국 땅에 발을 디딘 언더우드 선교사와 아펜젤러 선교사의 헌신은 미국 영적 대각성운동의 열매이다. 뉴욕 출신의 언더우드와 펜실베이니아 출신 아펜젤러가 각각 장로교와 감리교의 파송을 받을 당시 나이는 26세, 27세인 갓 신학교를 졸업한 젊은 청년들이었다.

교회의 영적 부흥은 세계선교로 이어졌다. 초대교회가 성령 강림을 계기로 세계를 향해 복음 전파를 시작한 것처럼, 중세기와 종교개혁기를 거쳐 영적 대각성을 통한 성령의 체험은 다시 많은 젊은이들에게 선교에 대한 열정이 일어나게 했다.

19세기가 되면서 주요 기독교 국가의 교회들이 세계 각국의 선교지에 선교사를 보냈다. 실제로 1815년부터 1914년까지 100년 동안에 기독교는 남북미, 호주, 아프리카, 태평양 군도, 한국을 비롯한 아시아권에 확장되었다. 19세기가 이처럼 위대한 선교의 세기였던 만큼 19세기에 활동했던 선교사들도 위대한 선교사들로 칭송을 받았다. 그들은 영혼 구원의 열정으로 젊음을 희생하고, 순교하였다. 그들은 목사로, 의사로, 교육자로 미개발 지역의 국가 발전에 기여한 바가 크다.

심한 박해와 투옥을 겪었으며, 생명의 위협을 받는 일이 많았다. 선교사와 가족들이 풍토병으로 목숨을 잃었다. 교통과 통신이 오늘과 같이 발달하지 않은 오지에서 가족들을 만나지도 못하고 선교지에 묻혀야 했다. 영혼 구원에 대한 열정이 많은 기독교 청년들이 그들과 전혀 상관없는 다른 나라의 사람들을 위해 희생의 삶을 살게 했던 것이다.

그러나 이들의 사역에 대한 비판도 만만치 않다. 제국주의적 선교,

문화와 인종 우월주의, 일방적 강요의 선교, 교파주의를 심었다는 비판을 받고 있다. 지금도 선교회나 교회가 영역 확보나 파벌 확장을 목표로 하는 제국주의적 사고로 선교를 한다면, 그들의 실패가 재현되는 것이다. 우월주의에 빠져 현지의 사정은 고려하지 않고, 현지인들에게는 전혀 결정권이 주어지지 않는 일방적인 선교를 피해야 할 것이다.

3) 한국교회와 세계선교

초기의 선교사

칼 귀츨라프(Karl Gützlaff, 1803~1851)는 독일 루터교 선교사로 태국(1828)과 한국(1832)에 있어서 최초의 선교사로 기록되고 있다. 1832년 7월 22일(음력 6월 25일)에 홍주의 고대도 뒷바다에 도착한 귀츨라프는 홍주 목사 이민회와 수군 우후 김형수와 한문으로 대화를 했다. 그는 주민들에게 한문 성경과 전도 문서와 서적 및 약품을 나눠 주었고, 감자와 포도주 재배법을 알려 주었다. 그는 주기도문을 한글로 번역하여 가르쳐 주고, 한글 자모를 받아 적은 다음 이를 세계에 알리기도 했다.

토마스(Robert Jermain Thomas, 1838~1866)는 런던 선교회 소속으로 중국에서 사역하면서 한국 선교의 길을 모색했다. 1866년 통역관으로 미국 상선 제너럴셔먼호를 타고 대동강을 올라가며 강가로 한문 성경책을 던졌다. 그러나 조선군에 의해 제너럴셔먼호는 불에 타고 토마스는 대동강변에서 처형되었다.

박영식이라는 관원이 강가에 버려진 성경책을 주워다 그의 방 벽지로 사용하였는데 많은 사람들이 성경을 읽게 되었다. 1900년대에 기독교인들이 성경을 읽기 위해 이 집에 모여와서 그곳에 교회가 세워졌다고 한다. 토마스 선교사는 처형관에게 성경을 받아 달라고 부탁하며 전달했다고 한다. 토마스가 죽은 후에는 평양이 기독교의 중심지가 되었다.

알렌(Horace N. Allen, 1858~1932)은 1884년 말경에 한국에 온 북장로교 의료 선교사로, 갑신정변이 일어났을 때 중상을 입은 민비의 조카 민영익의 생명을 구해 주었다. 이 일로 알렌은 고종의 신임을 받게 되었고, 고종을 설득해 우리나라 최초의 서양식 국립병원인 광혜원을 설립했다. 광혜원은 후에 제중원으로 이름을 바꿨으며, 서양의학을 가르치는 교육기관이자 병원으로 현재 세브란스 병원의 모태가 되었다.

메리 스크랜튼(Mary F. Scranton, 1832~1909)은 감리교회의 첫 여성 선교사로 한국에 파송되어 1885년 정동에 민간 의료기관으로 '시병원'을 열어 전염병에 걸려 버려진 환자들을 데려다가 치료하고, 고아들을 돌보았다. 여성 교육을 위한 이화학당을 개원하여 오늘의 이화여자고등학교와 대학교가 되었다. 시병원은 부녀자들과 어린이 치료를 전문으로 하면서 '이화여자대학교 부속병원'과 의과대학으로 발전했다.

1893년 내한하여 이화학당의 교사로 사역하던 프레이(Frey Lula E. 1869~1921) 선교사에게 이화학당을 맡기고(1907) 그는 여성 교육을 위해 매향·달성·공옥·매일여자학교를 세우고 진명·숙명·중앙여학교를 세우는 것을 도왔다. 그 외에도 여러 병원과 학교와 교회 설립을 돕다가 1909년 10월 8일 한국에서 세상을 떠났다. 메리 스크랜튼의 아들인 윌리엄 스크랜튼(Wiliam Benton Scranton, 1856~1922) 선교사는 예일 대학교와 뉴욕 의과대학을 졸업한 의사였다. 광혜원에서 알렌 선교사를 도와 일하다가 어머니와 함께 정동에 시병원을 세웠다.

언더우드와 아펜젤러 두 선교사가 1885년 4월에 같은 배로 제물포항을 통해 입국하였다.

언더우드(Horace Grant Underwood, 1859~1916)는 의료 선교사인 부인과 함께 고아원과 고아 학교인 구세학당을 설립했고, 서울의 경신학교와 연희전문학교, 기독교서회를 설립하는 등 교육 사업을 감당했다. 1887년 조선 첫 개신교 교회인 새문안교회를 설립해 복음 전파에도 힘썼다. 그는 아펜젤러, 스크랜튼 등과 함께 성경번역위원회를 조직하여 성경을 번역하고, 선교사와 외국인들을 위해 직접 영한사전, 한영사전, 그리고 한국어 문법서 등을 출판했다. 1912년에는 피어선신학교와 조선신학교의 교장을 맡기도 했다.

아펜젤러(Henry Appenzeller, 1858~1902)는 배재중·고등학교와 배재대

학의 전신인 배재학당을 설립하였다. 그는 한국에 첫 감리교회인 정동감리교회를 설립하고, 1887년부터 1902년 그가 죽을 때까지 교회를 섬겼다.

평양 대부흥운동

영국과 미국의 1, 2차 부흥운동의 영향으로 미국, 영국, 캐나다의 젊은이들이 한국의 선교사로 헌신하여 복음화를 위해 힘썼다.

1903년 8월 24일부터 30일까지 원산 지역 주재 선교사들이 기도회를 가졌다. 당시 캐나다 의료 선교사였던 하디(Robert A. Hardie, 1865~1949)는 선교사 기도 모임에서 설교하던 중 자신의 죄를 고백하며 회개하였다. 그의 교만과 인종차별적 생각에 대한 고백은 한국인들의 회개운동으로 이어져 성령의 역사를 일으켰다. 하디의 설교에 한국인뿐 아니라 동료 선교사들에게서도 변화가 일어났다.

그 불길이 1907년 1월 평양 장대현교회의 사경회로 이어지면서 대대적인 부흥의 불꽃이 타올랐다. 많은 사람들이 자기 죄를 고백하며 새로운 삶을 살기 위해 하나님의 은혜를 구하기 시작했다. 부흥의 역사는 1909년 '백만인구령운동'으로 이어졌다. 백만인구령운동은 한국교회가 양적으로나 질적으로 크게 도약하는 데 결정적으로 기여하였다.

평양에서의 대부흥운동을 경험한 한국교회 성도들은 일제 강점기를 신앙으로 견딜 수 있었고, 6·25 한국전쟁의 비극을 기도로 극복하였다. 전쟁으로 폐허가 된 한국을 도운 것은 선교사들의 역할이 크다. 미국, 캐나다 선교사들은 본국의 선교부와 긴밀히 연락하며 많은 구호물자를 수송해서 한국인들을 도왔다.

8·15 해방과 6·25 전쟁으로 북한의 많은 성도들과 목회자들이 남한으로 피난하여 남한 전역에 흩어져 교회를 세우기 시작했다. 1970년대에 한국교회는 영적으로 크게 부흥하던 시기였고, 1980년대에 한국은 경제적인 큰 성장을 이루기 시작했다. 한국교회가 경제적으로 성장하면서 해외 선교에 관심을 갖게 되어 이제는 3만 명에 달하는 선교사들이 세계 각국에서 활동하고 있다.

필자는 이 많은 한인 선교사 중 한 사람으로 '월드미션 프론티어'라는 선교회를 설립하고 대표로 섬기고 있다. 월드미션 프론티어는 1994년 르완다 전쟁 현장을 방문하고 1995년부터 본격적으로 사역이 시작되었는데, 선교회 본부는 미국 캘리포니아 산호세에 있고, 한국에 지부를 두고 아프리카 사역을 지원하고 있다.

월드미션 프론티어 선교 사역

제1기 사역

1995년부터 2000년까지의 제1기 사역은 구제와 어린이 사역에 집중하였다. 전쟁 지역에서 시작된 사역이기 때문에 자연스럽게 전쟁고아와 과부, 그리고 난민들을 돕는 사역으로 시작된 것이다. 르완다와 우간다를 중심으로 많은 유치원과 고아원이 열리고, 탄자니아 난민촌에서는 난민촌 사역을 진행하였다.

제2기 사역

르완다가 점차 안정되어가면서 아프리카의 복음화에 대한 비전을 갖게 되었다. 이 땅을 변화시키는 능력은 오직 말씀이라는 믿음으로 준비한 사역이었다. 말씀을 전하는 일은 엄청난 영적 방해를 겪어야 하는 사역이었다. 2001 르완다 전국 복음화대회를 마치고, 아프리카 복음화 사역은 아프리카 5개국(르완다, 우간다, 탄자니아, 콩고, 부룬디)을 대상으로 2011년까지 11년 동안 계속되었다. 이 기간에 1,500명의 선교단원을 동원하여 아프리카 현지 집회에 연인원 150만 명이 참가하는 복음화대회를 개최하였다.

제3기 사역

아프리카 지도자들을 한국에 초청하는 일을 시작하였다. 2006년부터 2010년까지 450명의 아프리카 지도자를 한국에 초청하여 각종 세미나와 산업체 방문을 감당하였다. 그리고 100명 정도의 아프리카인들을 연수 프로그램에 참석하도록 했다. 조기 유아 교육, 인쇄 기술, 농업 연수, 선관위 연수, 새마을운동 등에 참가하도록 하였다. 아프리카 학생들의 한국 유학 사역이 계속 추진되고 있다. 현재까지 70명 이상의 아프리카 학생들을 한국의 대학과 대학원 유학을 지원하고 있다.

제4기 사역

선교센터 건축사업이 2007년부터 진행되고 있다. 그동안 '비전 2012'와 '비전 2020'을 세워 아프리카 5개 국가에 12개의 선교센터를 건축한다는 계획을 추진해 왔다. 그리고 빅토리아 호수에 병원선을 건조하였는데, 1호선을 완공하고 2호선을 제작하고 있다. 지금까지 건축된 선교센터에서는 선교사들을 파송하고 현지인 사역자들과 함께 고아원, 유치원, 초등학교, 고등학교, 신학교, 병원 등의 사역을 감당하고 있다.

제5기 사역

월드미션 프론티어는 '비전 2030'을 추진 중이다. 지금까지 건축한 선교센터를 포함하여 20개의 선교센터를 건축하고 초·중·고등학교와 사회봉사 시설을 갖춘다는 비전이다. 빅토리아 호수에는 병원선 1, 2호선이 나란히 사역할 수 있도록 한다.

5개국 20개 센터 중에서 각국의 본부 센터는 대학교 캠퍼스 규모의 선교센터를 건축하고 대학교를 개교한다는 목표를 진행하고 있다. 현재 운영하는 12개의 신학교(KBB) 과정과 3개의 신학대학원(GOT)에서 배출되는 졸업생들을 목사로 안수하고, 현지 교단인 CWMF(Church of World Mission Frontiers)가 설립되어 있다.

아프리카 현지인들을 선교사로 훈련하여 이슬람권으로 파송하기 위한 선교훈련원 AMTIC(Africa Mission Training International Center)를 설립하여 한국인과 아프리카 원주민이 함께 선교사 훈련을 받고 있다.

3.

세계선교의 미래

시편 117편은 "너희 모든 나라들아 여호와를 찬양하며 너희 모든 백성들아 그를 찬송할지어다 우리에게 향하신 여호와의 인자하심이 크시고 여호와의 진실하심이 영원함이로다"(시 117:1-2)라고 하는, 짧지만 강한 선교적 메시지를 담고 있다. 모든 나라와 백성이 여호와를 찬양하게 하는 것이 선교의 결론이라 하겠다. 이 말씀은 우리에게 세계선교를 위한 미래적 과제를 생각하게 한다.

그러나 세계의 흐름은 한 치 앞을 볼 수 없는 상황으로 치닫고 있다. 공산주의가 몰락하고 자본주의 시장경제가 흔들리고 있다. 특히, 인류가 예상하지 못했던 코로나 바이러스 사태를 겪으면서, 인류사회의 미래는 더욱 불투명하다.

이슬람은 유럽과 아프리카 대륙 그리고 한국에 대한 공격적인 포교 활동을 확장하고 있다. 이런 시대적 소용돌이 속에서도 우리에게는 미래의 선교적 과제가 있다. 여기서는 교회가 넘어야 할 4개의 산맥을 정의하고, 어떻게 이 산맥을 넘어 모든 족속에게 복음을 전할 수 있는지를 생각해 보자.

1) 넘어야 할 4대 산맥

이사야 선지자는 "좋은 소식을 전하며 평화를 공포하며 복된 좋은 소식을 가져오며 구원을 공포하며 시온을 향하여 이르기를 네 하나님이 통치하신다 하는 자의 산을 넘는 발이 어찌 그리 아름다운가"(사 52:7)라고 했다. 사도 바울은 "누구든지 주의 이름을 부르는 자는 구원을 받으리라 그런즉 그들이 믿지 아니하는 이를 어찌 부르리요 듣지도 못한 이를 어찌 믿으리요 전파하는 자가 없이 어찌 들으리요 보내심을 받지 아니하였으면 어찌 전파하리요 기록된 바 아름답도다 좋은 소식을 전하는 자들의 발이여 함과 같으니라"(롬 10:13-15)고 했다.

선교는 산을 넘는 선교사의 수고가 있어야 하는데, 한국교회가 어떤 산맥을 넘어야 하는지 4개의 산맥을 제시한다.

(1) 타종교

세계의 종교에 따른 인구분포는 기독교(23억 명), 이슬람교(18억 명), 힌두교(11억 명), 불교(5억 명) 등으로 나타난다. 여기에 무신론, 세속주의 그룹(12억 명)이 있다. 기독교 인구는 가톨릭과 개신교를 합한 수치이기 때문에 개신교와 가톨릭을 나눈다면 이슬람이 세계 최대의 종교가 되는 것이다.

종교별로 각 국가의 인구 실태를 알아보자. 선교사들이 이교도들의 큰 산을 넘어야 하기 때문이다.

이슬람

이슬람(Islamic) 또는 무슬림(Muslim) 국가란 이슬람 종교를 국교로 하는 나라를 말한다. 이슬람 국가의 더욱 적극적인 포교 활동으로 점점 그 세력이 확장되고 있으며, 유럽과 아프리카에서 포교가 가장 활발하다. 이제는 한국도 이슬람권의 포교 대상국이 되어 있는 실정이다. 여기 각 국가의 무슬림 인구 숫자와 전체 국민의 비율을 위키피디아 자료로 살펴보았다. 국가명(무슬림 인구 숫자, 전체 국민 대 비율)으로 표시하였다. 이슬람 국가에 이어 힌두교와 불교권 국가의 통계도 함께 살펴본다.

인도네시아(무슬림 인구 숫자 2.3억/ 전체 국민의 87.2%), 파키스탄(2억/ 96.5%), 방글라데시(1.53억/ 90.4%), 나이지리아(9,900만/ 49.6%), 이집트(8,700만/ 92.35%), 이란(8,200만/ 99.4%), 터키(8,000만/ 99.2%), 알제리아(4,100만/ 99%), 수단(4,000만/ 97%), 이라크(3,800만/ 95.7%), 모로코(3,700만/ 99%), 아프가니스탄(3,400만/ 99.6%), 사우디아라비아(3,200만/ 97.1%), 예멘(2,700만/ 99.1%), 우즈베키스탄(2,600만/ 96.5%), 니제르(2,100만/ 98.3%), 말리(1,700만/ 98.3%), 시리아(1,600만/ 93%), 말레이시아(1,600만/ 61.3%), 세네갈(1,500만/ 96.1%), 카자흐스탄(1,300만/ 70.2%), 브르기나파소(1,200만/ 61.5%), 튀니지(1,100만/ 99.8%), 소말리아(1,000만/ 99.8%), 기니(1,000만/ 89.1%),

요르단(1,000만/ 97.2%), 아제르바이잔(970만/ 96.9%), 차드(900만/ 58%), 리비아(650만/ 97.2%), 스리랑카(600만/ 78%), 투르크메니스탄(480만/ 93%), 키르기스스탄(460만/ 80%), 아랍에미리트(460만/ 76%), 마우리타니아(380만/ 100%), 레바논(350만/ 57%), 오만(240만/ 85%), 쿠웨이트(210만/ 74%), 알바니아(170만/ 58.8%), 카타르(150만/ 77.5%), 바레인(100만/ 73.7%), 지부티(85만/ 97%), 서사하라(60만/ 99.4%), 브루나이(35만/ 78.8%), 마요트(25만/ 97%) 등 우리가 넘어야 할 산맥이 높다.

힌두교

힌두교는 세계 인구의 15%를 차지하는 11억 명에 이른다.

인도(10억 5,000만/ 79.8%), 네팔(2,300만/ 81.3%), 모리셔스(60만/ 48.5%), 피지(27만/ 30%) 등 아시아 지역에 분포되어 있다.

불교

불교 인구도 5억 명에 달하는데, 중국(2억 4,000만/ 18.2%), 태국(6,400만/ 93.2%), 일본(4,600만/ 36.2%), 미얀마(3,800만/ 80.1%), 말레이시아(2,800만/ 19.8%), 스리랑카(1,400만/ 69.9%), 캄보디아(1,300만/ 97.9%), 한국(1,100만/ 22.9%), 타이완(490만/ 21.3%), 라오스(410만/ 66.1%), 싱가포르(170만/ 33.9%), 몽골(150만/ 55.1%), 부탄(54만/ 74.7%)에 분포되어 있다.

(2) 박해

기독교 박해 국가에 많은 관심을 가져야 하겠다. 한국 오픈도어 선교회 자료에 따르면, 2019년 전 세계에서 기독교를 가장 많이 핍박한 상위 10개 국가 중 북한이 18년째 1위를 지키고 있다. 우리의 동족이 북한 땅에서 세계 최고의 박해를 받고 있는 것이다. 20~40만 명으로 추산되는 북한 기독교인의 생활은 여전히 개선되지 않았고, 이 중 5~7만 명은 수용소에 수감된 것으로 추정된다고 말했다.

북한에 이어 아프가니스탄(2위), 소말리아(3위), 리비아(4위), 파키스탄(5위), 수단(6위), 에리트레아(7위), 예멘공화국(8위), 이란(9위), 인도(10위)인 것으로 나타났다.

중국은 최근 들어 선교사들을 추방하고 교회를 파손하고 십자가 탑을 무너뜨리는 등 기독교 박해를 노골적으로 자행하고 있으며, 몽골 지역 등 여러 국가들이 선교사들을 추방하고 있는 실정이다.

(3) 전쟁과 재난, 빈곤

인류의 역사는 전쟁의 역사라고 해도 과언이 아니다. 제2차 세계대전 이후에도 국가 간 또는 종족 간의 전쟁이 그치지 않고 있다. 특히 20세기에 들어서 인종청소(Ethnic cleansing)라는 신생 용어가 만들어질 만큼 종족 간 또는 종교 간에 대량 학살 전쟁이 심해지고 있다. 인종청소는 다른 부족을 그 땅에서 완전히 소멸하려는 의도이기 때문에 인명 살상과 그들의 주거지, 문화 유적지 등을 모두 파괴하는 행위로 이어져 그 잔혹상은 더욱 심각하다.

아프리카 르완다에서는 20세기 최악의 학살 전쟁이 일어났는데, 후투족이 투치족을 르완다 땅에서 완전히 제거하겠다는 목표로 3개월이라는 짧은 시간에 100만을 학살하고 그들의 주거지를 파괴하는 일을 자행했다. 국가 간 전쟁이든 내전이든 전쟁이 남기는 것은 전쟁고아와 과부, 그리고 수많은 난민이다. 그들은 갈 곳을 찾지 못하고 이웃 국가를 떠돌며 배고픔과 질병에 노출되어 있다.

또한 세계는 지금 테러와의 전쟁 중이다. 1991년 12월 26일 소련 연방이 해체되면서 냉전시대가 막을 내리고 평화의 시대가 올 것으로 기대했다. 2001년에 발생한 9·11 테러 사건으로 세계는 테러와의 전쟁을 치르고 있다. 세계 각처에서 테러가 행해지고 있어 공항 검색대가 생기는 등 많은 변화가 일어났다. 미국이 이라크 전쟁을 치른 이후 이슬람 스테이트(Islam State)와의 전쟁이 계속되고 있으며, 시리아 내전으로 많은 난민들이 유럽으로 유입되어 사회문제가 되었다.

전쟁뿐 아니라 지구 각처에는 여러 가지 재난이 지속적으로 발생하고 있다. 재난에 긴급하게 대처할 능력이 없는 국가의 국민들이 당하는 고통은 말할 수 없이 크다.

2019년 7월 11일 유엔이 발표한 다차원 빈곤 지수(MPI, Multidimensional Poverty Index)에 따르면, 104개국의 55억 명을 대상으로 조사한 통계 결과 건강, 교육, 생활수준 등 각 방면을 고려할 때 그중 13억 명은 빈곤 속에서 살고 있다는 것이 드러났다.

그중에는 18세 이하의 어린이가 1/2이며, 10세 미만의 어린이가 1/3이었다. 이 통계에 따르면 아프리카 서브-사하라(Sub-Sahara) 지역 국민의

57.5%가 빈곤층에 속하는 것으로 나타났다. 남아시아 지역의 경우 10.7%의 여자 어린이들이 학교에 가지 못하고 있고, 아프가니스탄에서는 44%의 여자 어린이들이 학교에 가지 못하고 있다.

(4) 잃어버린 땅

초기의 기독교는 팔레스타인 지방에서 시작해서 시리아, 아시리아, 메소포타미아, 페니키아, 소아시아, 요르단, 이집트 등지로 퍼져갔다. 4세기 무렵에는 아르메니아(301), 캅카스 이베리아(319), 악숨 왕국(325), 로마제국(392)이 기독교를 국교로 정하였다.

중세시대 이후에는 아일랜드, 영국, 프랑스, 독일, 오스트리아, 스위스, 영국, 스칸디나비아, 슬라브족, 불가리아 등 유럽 전역에 교회가 세워졌다. 그러나 지금 이 땅의 사람들은 이슬람 국가로 변했거나 스스로 기독교인이라고 하면서 교회에 출석하지 않는 형식상의 크리스천으로 남아 있다.

지금 유럽은 급속하게 이슬람화되고 있다. 그럼에도 각 국가에서는 속수무책이다. 세계교회는 잃어버린 땅 소아시아와 유럽의 복음화를 위해 힘을 모아야 한다.

2) 선교하는 교회와 가정

선교는 성령의 사역이다. 안디옥 교회가 금식하며 기도할 때 성령이 바나바와 사울을 구별하여 선교사로 보내라고 하셨다. 선교는 성령의 사역이지만 교회는 선교사를 파송하고 기도와 물질로 돕는 일을 감당해야 한다. 요즘 교회마다 선교하는 교회를 세우기 위해 노력하는 모습을 보이고 있다.

선교하는 교회(Missional Church)

영국의 선교신학자인 레슬리 뉴비긴(James Edward Lesslie Newbigin, 1909~1998)은 35년간 인도의 선교사로 섬기면서, 유럽의 교회가 선교는 고사하고 교회 자체의 의미를 잃어버린 모습을 안타까워했다. 그는 문화적 교회로 변질된 유럽의 교회가 선교적 정체성을 가지고 사회와 문화의 영역에서 다시 영향력을 미쳐야 한다는 생각으로 미셔널 처치 운동을 일으켰다.

미셔널 처치 운동가인 앨런 허쉬 선교사(Alan Hirsch, 1959~)는 "미셔널 처치란, 하나님의 선교를 위하여 조직된 하나님의 공동체를 말한다. 다시 말하면 교회의 진정하고 순수한 조직 원리가 선교라는 것이고, 교회는 선교할 때만이 진정한 교회가 된다. 교회는 선교에 의한 생산물에 머물지 않고, 가능한 모든 방법으로 복음을 확장해 나가야 한다. 선교는 예수를 믿는 모든 공동체와 신자들에 의해 계속 흘러가야 한다. 선교를 부정하는 것은 하나님의 목적을 방해하는 일이다"라고 했다.

20세기 말부터 세계교회가 '미셔널 처치'로의 변화를 시도하고 있고 많은 책이 출판되고 연구논문도 발표되었다.

교회는 예수 그리스도의 이름을 부르는 자들의 공동체이다. 예수가 "두세 사람이 내 이름으로 모인 곳에는 나도 그들 중에 있느니라"(마 18:20)고 하셨으니 두세 사람이 모인 공동체도 선교하는 교회로서 선교를 감당할 수 있다. 선교하는 교회는 어떤 교회인가를 선교의 뿌리인 예루살렘 교회와 안디옥 교회를 통해 알아보았지만 여기 다시 요약해 보자.

성령 강림을 경험하라.

예수는 성령이 임하시면 권능을 받아 땅 끝까지 이르러 예수의 증인이 될 것이라고 하셨다(행 1:8).

사도들은 오순절 성령 강림을 경험하고 능력을 받아 말씀을 선포하며 부흥을 일으키며 각처에 교회를 세워 나갔다. 그들은 복음 전파를 방해하는 헤롯과 제사장들의 위협이 있지만, 담대하게 복음을 전하며 능력을 행할 수 있도록 기도(행 4:24-31)했다. 그들이 모여 간절히 기도할 때 그들이 모인 곳이 진동하는 경험을 하고, 무리가 모두 성령이 충만하여 담대히 하나님의 말씀을 전하였다(행 4:31).

성령 충만에 의한 부흥의 역사는 선교로 이어진다. 18세기와 19세기의 영국과 미국의 영적 부흥은 많은 젊은이들을 선교사로 보냈고, 한국의 평양 대부흥은 한국의 복음화와 이어지는 선교 국가가 되게 하였다.

세계선교는 성령의 충만을 경험한 교회에 의해 실천될 수 있다.

기도하는 교회가 되라.

오순절 다락방의 성령 강림은 120명의 성도들이 오로지 기도에 힘쓸 때(행 1:14) 일어났다. 안디옥 교회는 금식하며 기도할 때 성령께서 바나바와 사울을 따로 세워 선교사로 파송하라는 성령의 음성을 듣고 선교를 시작하였다. 평양 대부흥의 역사는 원산에서 모인 선교사들의 작은 기도회에서 시작되었다.

6·25 한국전쟁 이후에 한국교회 믿음의 선배들은 한겨울 꽁꽁 언 천막 교회 가마니 위에서 어린아이를 등에 업고 울부짖는 기도를 드렸다. 한국교회는 세계교회 중에 유일하게 새벽기도회가 있었고, 매주 한 번은 철야기도 하는 것이 한국교회의 모습이었다. 기도를 통해 한국교회는 선교하는 교회로 일어설 수 있었다.

성령의 은사로 사역하라.

교회의 직분은 성령의 은사에 따라 행해져야 교회가 건강하다.

사도 바울은 성령의 은사에 대하여 말했는데 교회의 은사직으로 "어떤 사람은 사도로, 어떤 사람은 선지자로, 어떤 사람은 복음 전하는 자로, 어떤 사람은 목사와 교사로 삼으셨으니" 하면서 "이는 성도를 온전하게 하여 봉사의 일을 하게 하며 그리스도의 몸을 세우려 하심이라"(엡 4:11-12)고 하였다.

교회가 쇠퇴하는 것은 빌립 집사와 같은 전도자가 사라지기 때문이고, 선교 사역이 성공하지 못하는 이유는 사도적 은사를 가진 선교사를 길러내지 못하기 때문이다. 교회는 사도로, 선지자로, 복음 전하는 자의 은사를 가진 사역자들을 양육하여 세상으로 보내는 일을 감당할 때 진정으로 선교하는 교회가 될 것이다.

교회 조직을 간편화하라.

바울은 디모데에게 보내는 편지에서 "사람이 감독의 직분을 얻으려 함은 선한 일을 사모하는 것이라"(딤전 3:1)고 하였다. 바울은 이어서 감독과 집사의 자격에 대하여 말했다(딤전 3:2-13).

선교하는 교회가 되기 위해서는 교회의 직분을 사회적으로 높은 지위나 권력이나 부를 가진 사람에게 맡기는 것이 아니라 "성령과 지혜가 충만하여 칭찬받는 사람"(행 6:3)에게 맡겨야 한다.

사람의 외모를 보고 선출된 교회의 직분자들이 조직적으로 선교를 방해하는 일이 비일비재하다. 어떤 교회들은 교회의 세속적인 조직에 의해 선교의 기능이 마비되고 성도들의 선교의 길을 방해하는 모습을 경험해 보았다.

선교하는 가정교회(Missional Family)

이미 언급한 대로 세계교회가 함께 넘어야 할 저 높은 산맥을 상상해 보라. 태어나면서부터 이교도의 가르침에 묶여 있는 수십억의 영혼을 어떻게 구원할까 고민하는 것이 선교하는 교회이다.

이슬람권 국가의 18억 명, 힌두교권의 11억 명, 불교권의 5억 명, 무신론자 12억 명의 영혼을 생각해 보자. 박해받는 북한의 우리 동족과 전쟁과 재난으로 지구상에 거처 없이 떠도는 난민들과 재난 피해 자들을 위해 기도해야 할 것이다. 세계의 수많은 가난한 나라 어린이들이 학교에도 가지 못하고 노동에 동원되며 영양실조로 죽어가고 있는 것이 현실이다. 그리고 한때 기독교 문화가 꽃피던 유럽의 전 지역이 신앙을 잃어버리고 급속히 이슬람화되고 있다.

이러한 세계의 현실 앞에 미셔널 가족(Missional Family) 운동을 제안한다. 기독교인 각 가정이 하나님의 거룩한 공동체로서 선교의 사명을 갖고 보다 적극적이고 직접적인 방법으로 선교에 참가하는 것이다.

기도로 선교에 동참한다.

선교는 성령님의 사역이다. 기도 없는 선교는 있을 수 없다. 선교사나 선교단체들이 선교의 전선에서 외롭게 영적 전쟁을 치르고 있다. 한 가정이 한 선교사 또는 선교단체를 정하여 기도의 후원자가 되는 것이다. 모라비안은 18세기에 226명의 선교사를 세계에 파송했다. 파송된 선교사들을 위해 24명의 기도자들이 매일 한 시간씩 24시간 릴레이 기도로 선교사들을 도왔고, 파송 선교사들은 선교의 순수성을 잃지 않고 열정적으로 사역할 수 있었다. 모든 기독교인 가정이 미셔널 가정이 되어 선교사와 선교회를 위하여 기도하는 운동이 일어나야 하겠다.

물질 후원으로 선교의 동역자가 된다.

월드미션 프론티어는 처음부터 재정적인 부담을 갖는 이사회나 후원회를 두지 않았다. 그동안 중보기도팀이 기도하는 가운데 성령의 감동으로 헌금하는 불특정한 후원자들의 후원으로 사역이 진행되어 왔다.

빅토리아 호수에 병원선이 만들어지고 예배당과 대학교 건물들이 지어지는 것은 어느 큰 교회의 후원이 아니라 개인과 가정을 통한 후원으로 이루어져 왔다. 한국교회 성도들의 선교적 역량이 이렇게 큰데 실제로 선교에 동원되지 못하는 점이 안타깝다. 기독교인 각 가정이나 그들이 경영하는 기업을 통해 선교에 직접 참여하여 물질로 동역하면 선교적으로 큰 열매를 맺을 수 있을 것이다.

가정교회가 선교지의 사역에 직접 참여한다.

세계는 글로벌 시대이다. 가정의 자녀들이 지원하는 선교사나 선교회를 통해 현지 사역에 직접 동참하여 세계관을 넓혀 가는 것도 자녀들의 신앙교육에 큰 효과가 있다.

가정에서 자라나는 자녀들을 선교사로 또는 선교를 후원하는 사람으로 양육하는 것도 선교적으로 매우 중요한 일이다.

3) 4차 산업혁명 시대와 선교

인간 문명의 발전이 세계선교에 상당한 영향을 끼쳐왔다. 로마제국의 도시와 도로망이 사도 바울의 선교에 영향을 끼친 것처럼 산업혁명은 세계선교에 미친 영향도 크다.

15세기까지만 해도 사람이 태어나서 50마일 이상의 외부 세계로 나가지 못했다고 한다. 그러다 1차 산업혁명이 일어나 1760년부터 1820년까지 농경사회에서 산업화와 도시화로 진행되었다. 철강이 발달하고 증기선이 개발되어 선교사들의 해외 진출이 보다 본격적으로 이루어졌다.

정치적으로는 제국주의가 태동하였고, 선교사들의 세계 진출이 용이해졌다. 한국에 입국을 시도했던 귀츨라프와 토마스 선교사도 1차 산업혁명으로 발명된 증기선의 수혜자일 것이다.

2차 산업혁명은 1차 세계대전 직전인 1870년에서 1914년 사이에 일어났다. 기존 사업의 지속적인 발전과 전기 분야 등이 발전했고 모터, 전화, 축음기 등이 개발된 시기이다. 1903년 12월 17일 미국의 라이트 형제에 의해 발명된 비행기는 국가 간의 거리를 더욱 가깝게 하였고 선교사들의 이동을 더욱 편리하게 해주었다. 이 시기에 한국에도 전기와 전차가 도입되고, 전화가 설치되어 선교사들이 좀 더 빠르게 선교 본부와 연락을 취할 수 있었다.

3차 산업혁명은 1970년대에 시작된 디지털 혁명 시대로 컴퓨터, 인터넷, 각종 정보통신 기술의 혁명으로 계속해서 발전해가고 있으며, 이제 세계는 정보통신 기술로 글로벌 시대라는 말을 사용한다. 글로벌이란 '세계', '지구'를 뜻하는데 글로벌 시대란 지구촌의 인류가 하나가 되는 세계화를 뜻한다.

세계화와 대비되는 말은 국제화이다. 국제화(Internationalization)란 국가가 상호 호혜주의적 원칙에 따라 자원과 문화를 자유롭게 상호 교환하는 관계를 만들어 나간다는 의미이다. 국가 간 무역 협정이나 국제 협약에 따라 상호 존중하며 교류하는 관계를 형성하는 것을 말한다.

그러나 세계화(Globalization)는 조금 다른 개념으로 '지구촌 가족', '한가족'이라는 개념을 갖는다. 국경과 이념과 인종을 초월하여 모든 인류가 한가족이 되는 것을 의미한다. 세계화 시대에 알맞은 가치관은 국경이나 이념, 경제적 이익 등을 초월하여 세계인들이 협력해 나가는 태도를 가지는 것이다. 이렇게 다른 국가의 사람들과 한가족이 되기 위해서는 문화의 이해가 우선되어야 한다.

세계화와 함께 생긴 용어가 다문화주의(Multiculturalism), 또는 상호문화주의(Interculturalism)라는 용어이다. 한국에서는 외국인과의 결혼이 늘어나면서 다문화가정(Multicultural Family)이라는 용어가 보편화되고 다른 문화에 대한 이해를 높이려고 한다.

다문화주의와 상호문화주의는 조금 다른 의미를 갖는다. 국제화와 세계화의 의미가 다른 것처럼, 다문화주의는 문화의 다름을 인정하는 것을 말한다. 그러나 상호문화주의는 서로의 문화를 인정할 뿐 아니라 그 문화를 습득하고 인정하는 것을 의미한다. 다문화주의는 다문화 그룹 내에서 어떤 특정 문화를 우수하게 여기고, 또 다른 문화권의 사람을 소외시킬 수 있다는 평이다.

선교의 세계화 시대, 상호문화주의 시대를 가능하게 하는 것은 3차 산업혁명인 교통과 통신 기술의 발달이었다. 항공 기술의 발전과 서비스 향상은 24시간 내에 지구촌 어디든지 갈 수 있게 되었다.

아시아, 아프리카, 남아메리카, 인도 등 어느 국가든 국제공항이 개발되어 있다. 선교지 국내에서의 교통 사정이 어려운 곳이 아직 많지만 매년 교통수단이 향상되고 있다.

통신 기술의 발전은 '디지털 노마드'(Digital Nomad)라는 용어를 만들어냈다. 노트북이나 스마트폰을 소지하고 세계 어느 곳에 가든 통신망으로 연결되는 것이다. 아프리카의 산중에서 염소를 키우는 청년들도 스마트폰을 통해 인터넷으로 연결된다.

코로나 바이러스 사태로 세계인들이 집에 갇혀 있는 동안 세계 대부분의 학교가 인터넷으로 교육을 계속했다. 대부분의 교회들이 통신망을 통해 예배드리고, 많은 회사들이 재택 근무로 온라인을 통해 업무를 처리하였다. 이제 세계인들은 인간 간의 간격이 넓혀지는 반면 온라인을 통해 연결되었다.

이제 세계는 4차 산업혁명 시대에 진입하고 있다. 4차 산업혁명 시대의 핵심은 빅 데이터 분석(Big Data Processing), 인공지능(AI), 로봇(Robot), 사물 인터넷(IoT), 무인 운송수단, 3차원 인쇄(3D Printing), 나노(Nano) 기술 등이 융합되는 기술 혁신의 시대를 말한다. 4차 산업혁명 시대는 지구촌 모든 사람들이 하나의 네트워크로 연결되어 모든 정보를 공유하고 나누는 사회가 된다. 또한 사물 인터넷을 통해 모든 기기들이 접속되어 스마트 홈, 스마트 시티와 같은 개념이 완성될 것이다. 로봇 기술은 집안 청소로부터 상점 계산대, 공장의 생산라인까지 점거하게 된다.

4차 산업혁명 시대의 선교는 세계 복음화의 속도를 가속화할 수 있는 기회로 보인다. 세계 복음화를 위해 넘어야 할 4대 산맥은 정보 통신기술을 통해 얼마든지 접근이 가능하다는 점이다.

이슬람권이나 힌두교권, 불교권의 선교를 위해 현장에는 최소한의 선교사 인원을 두고도 복음 전파의 효율을 극대화할 수 있게 된다. 기독교 박해 국가도 4차 산업혁명 기술의 이용으로 접근이 가능해진다. 그러므로 4차 산업혁명 시대의 교회와 선교의 모습이 어떻게 변화될 것인지 대비해야 할 것이다.

포스트 코로나 시대에는 인간 사회의 사회적 거리가 더욱 멀어지고 공동체 의식이 붕괴될 것이라는 예측이다.

교회의 예배가 인터넷 온라인 예배로 변경되어 많은 사람들이 인터넷 예배에 익숙해졌다. 기성 교회의 조직에 실망하여 교회에 나가지 않는 신앙생활을 선호하는 사람들이 늘어나는 추세였기 때문에 교회의 위기가 예견된다.

그러나 종교 영역은 더 발전할 것이라는 예측도 있다. 가상의 세계에서 사람 간 또는 기계와의 관계를 맺고 사는 인간이 본성적으로 영적인 목마름이 더욱 심해지기 때문에 오히려 종교는 더욱 발전할 것이라는 예측이다. 하나님이 지으신 하나님의 형상을 찾는 영적 목마름이 강해질 것은 분명하다.

하나님은 아담이 혼자 사는 모습을 보시고 "사람이 혼자 사는 것이 좋지 아니하니 내가 그를 위하여 돕는 배필을 지으리라"(창 2:18)고 하셨다. 사람은 더불어 살도록 지으심을 받았으므로 4차 산업혁명 시대에 사람 간의 거리가 멀어짐으로 영혼의 문제가 일어나지 않을 수 없다. 하나님의 말씀을 통해 영적으로 병든 인간이 하나님의 형상을 회복할 수 있도록 선교적 사명을 감당해야 할 것이다.

4차 산업혁명에 대한 염려와 기대가 크지만, 우리가 두려워해야 하는 것은 재난 시대의 도래이다. 국가 간 전쟁이나 내전 등의 충돌로 일어나는 재난보다, 지구의 기후 변화로 인한 재난이 더욱 뚜렷하게 나타나고 있다.

인간의 사명인 자연을 잘 보존하지 못한 후유증을 앓고 있는 것이다. 기후 변화로 인한 식량 문제는 점점 심각해지고 있다. 전통적으로 선교사들이 선교지 사람들의 식량 문제를 염려했던 것처럼 미래의 선교는 더욱 식량 문제에 관심을 가지게 될 것이다. 우기와 건기가 사라지고 기후의 변화를 종잡을 수 없는 지구의 환경에서 어떻게 식량을 생산할지에 대한 기술 지원이 필요하다.

이미 생각한 대로 선교사는 사도적 은사를 받아 복음을 전하고 교회를 세우는 사역을 하지만, 사명 수행자로서의 기능은 인간의 사명을 수행하는 것이다. 이제 선교는, 자연을 보호하고 인간이 하나님의 형상을 회복하도록 돕는 역할을 감당해야 할 것이다.

건강한
공동체
세우기 5

선교 현장으로 가는 길

■■■

예수는 "하늘과 땅의 모든 권세를 내게 주셨으니 그러므로 너희는 가서 모든 민족을 제자로 삼아 아버지와 아들과 성령의 이름으로 세례를 베풀고 내가 너희에게 분부한 모든 것을 가르쳐 지키게 하라 볼지어다 내가 세상 끝날까지 너희와 항상 함께 있으리라"(마 28:18-20)고 하셨다. 그래서 기독교에서는 선교의 사명을 '대위임령'(The Great Commission)이라고 하는데, 필자는 이 책의 제목을 《가장 위대한 사명》이라고 하였다.

선교는 사도적 은사를 가지고 복음을 전하고 교회를 세우는 일이고, 인간의 사명을 수행하는 사명 수행자의 일이기도 하다.

선교사는 자기를 위해 살지 않고 남을 위해 사는 삶, 평안과 안락함을 추구하지 않고 복음을 위하여 고난을 택한 사람이다. 사람들이 가장 큰 가치를 두고 추구하는 부와 명예와 쾌락의 욕망을 내려놓고, 스스로 가난을 택하고 낮은 자리에서 섬김의 삶을 사는 것은 선교가 가장 위대한 사명이기 때문이다.

선교사는 회개를 선포하고 하나님의 나라를 전하는 사람이다. 예수 부활의 증인이 되는 삶이며, 영원한 생명을 구원하는 일이기에 위대한 일이다. 사람이 하나님의 부르심을 받아 성령의 인도하심을 따라 생명을 위해 사는 것보다 귀한 일은 없다.

'가장 위대한 사명'을 감당하기 위해서는 철저한 준비가 필요하다. 이 장에서는 선교사의 동원과 파송, 추천할 만한 10가지 사역, 그리고 선교사 십계명이라는 내용으로 선교를 어떻게 할 것인지를 생각한다.

1. 선교사 동원과 파송

한국교회는 1970년대의 부흥과 1980년대의 경제 성장을 발판으로 세계선교에 폭발적인 성장을 거듭해왔다. 추수의 때가 무르익은 시대에 한국교회를 땅 끝 선교에 쓰시는 하나님의 놀라운 은혜가 아닐 수 없다. 그런데 최근에 기독교에 대한 부정적인 사회 인식이 고조되면서, 교회의 성장이 멈추고 감소하는 현상을 보인다. 특히, 젊은이들의 교회 이탈 현상이 심화되고, 저출산으로 인한 청소년·주일학교 학생의 자연 감소는 교회와 선교의 미래를 어둡게 하고 있다.

그동안 월드미션 프론티어는 대규모 단기선교단을 모집하여 매년 여름 아프리카 복음화대회를 개최해 왔는데, 단기선교단 지원자들이 현격히 감소하고 있다. 선교에 참여하는 기독교인들의 연령대는 노령화되는 추세다.

선교를 감당하기 위해서는 선교사와 교회와 선교회라는 세 요소가 구비되어야 한다. 선교사의 동원과 양육, 파송을 효과적으로 진행하기 위한 교회와 선교회, 그리고 선교사의 준비에 대하여 생각해 보자.

1) 교회와 선교

　교회는 건물을 의미하는 것이 아니라 예수의 이름을 부르는 자들의 모임이다. 예수는 "두세 사람이 내 이름으로 모인 곳에는 나도 그들 중에 있느니라"(마 18:20)고 하셨다. 두세 사람이 모이는 교회든 몇만 명이 모이는 교회든 주님의 이름으로 모이는 사람들이 교회이다. 바울은 교회를 "하나님의 교회 곧 그리스도 예수 안에서 거룩하여지고 성도라 부르심을 받은 자들과 또 각처에서 우리의 주 곧 그들과 우리의 주 되신 예수 그리스도의 이름을 부르는 모든 자들"(고전 1:2)이라고 정의하였다.

　교회는 내가 속해 있는 공동체뿐 아니라 각처에 있는 모든 교회, 세계에 흩어져 있는 예수의 이름을 부르는 모든 자들이 하나님의 교회이다. 이웃 교회와 세계에 흩어져 있는 교회를 우리의 교회로 생각하는 것, 그것이 선교의 시작이다.

　사도 바울은 "거기에는 헬라인이나 유대인이나 할례파나 무할례파나 야만인이나 스구디아인이나 종이나 자유인이 차별이 있을 수 없나니 오직 그리스도는 만유시요 만유 안에 계시니라"(골 3:11)고 하였다. 교회는 문화적인 차이나 교파의 차이나 인종의 차이나 신분의 차이 없이 예수의 이름을 부르는 자들의 공동체이기 때문이다.

　사도 바울은 골로새 교회에 부탁하기를 "그리스도의 말씀이 너희 속에 풍성히 거하여 모든 지혜로 피차 가르치며 권면하고 시와 찬송과 신령한 노래를 부르며 감사하는 마음으로 하나님을 찬양하고 또 무엇을 하든지 말에나 일에나 다 주 예수의 이름으로 하고 그를 힘입어 하나님 아버지께 감사하라"(골 3:16-17)고 하였다. 예수가 머리이신 교회는 말씀의 선포와 가르침, 예배와 섬김의 봉사가 있는 공동체인 것을 말해 주고 있다. 예루살렘 교회의 모습이며, 안디옥 교회의 모습이다.

성령은 이렇게 하나 된 하나님의 교회가 그 자리에 머물러 있게 하지 않으셨다. 예루살렘 교회는 박해로 뿔뿔이 흩어져 전도하게 하셨고, 안디옥 교회는 성령의 감동으로 바나바와 사울을 이방인을 위한 선교사로 파송하게 하셨다. 그렇게 교회는 선교사들을 파송하여 "그(예수)의 통치는 바다에서 바다까지 이르고 유브라데 강에서 땅 끝까지 이르리라"(슥 9:10)는 구약의 예언을 이루고 있는 것이다. 교회는 하나님의 나라를 계속적으로 확장해야 하는데, 우리가 넘어야 할 선교의 산맥은 높고 험하다.

안디옥 교회는 성령의 음성에 따라 바나바와 사울을 구별하여 선교사로 파송했다. 바나바와 사울은 선지자요 교사로서 안디옥 교회를 부흥시킨 장본인이며 교회에는 아주 중요한 사람들이었다. 그러나 안디옥 교회는 그들을 교회에 머물게 하지 않고 선교사로 파송함으로 세계 기독교회의 역사가 변화되는 큰일을 이루었다.

교회는 선교사로 부르심을 받은 자들의 소명을 확인할 수 있는 유일한 기관이다. 바나바와 사울은 그들의 교회 사역을 통해 선교사로 부르심 받은 것을 증명할 수 있었다. 그들의 가르침으로 안디옥 교회는 부흥했고, 비로소 그리스도인이라는 말을 듣게 되었다(행 11:26).

사역의 열매는 하나님이 그들을 선교사로 부르신 증거였다. 교회에서 성장하고 양육된 선교사는 교회에서의 사역과 섬김을 통해 그들의 부르심이 확인되어야 한다.

목사나 전도사로서 한 교회에 정착하지 못하고 이리저리 방황하던 사람들이 선교회를 찾아와 선교사가 되겠다고 하는 경우가 있다. 안타까운 마음으로 그들에게 사역의 기회를 주기 위해 선교 현지에 보내면 얼마 견디지 못하고 선교지에 문제만 일으키다가 떠나는 것을 많이 겪어 보았다.

교회의 사역과 섬김은 선교사로 양육되는 과정이다. 선교사는 이 과정을 통해 부르심을 확인하고 성도들의 인정을 받아야 한다. 평신도 전문인 사역의 경우에도 교회에서의 봉사 활동과 대인관계에서 인정을 받은 자들을 양육해서 파송해야 한다.

교회는 선교사를 파송하고 기도로 후원해야 한다. 안디옥 교회는 바나바와 사울을 기도하며 파송하였다. 바울은 가는 곳마다 교회를 개척하고 그 교회들에게 기도를 당부하였다. 바울은 에베소 교회에게 하나님의 전신갑주를 입고 기도하라고 말하며 자신을 위한 기도를 부탁하였다(엡 6:10-20).

마귀가 가장 싫어하는 것은 복음이 전해지고 사람들의 마음에 성전이 세워지는 일이다. 예수의 이름을 부르는 자들의 교회가 세워지는 것을 어떤 방법으로든 방해한다. 이것이 바로 교회가 파송한 선교사를 위하여 기도해야 하는 이유이다. 선교사들이 영적 전쟁의 선교 현장에서 맥없이 넘어지는 이유 중에 기도의 지원을 받지 못하는 것도 있다.

또한 교회는 선교사들을 물질적으로 지원해야 한다. 바울은 에바브로디도를 "내가 쓸 것을 돕는 자"(빌 2:25)라고 하였고, 빌립보 교회가 "두 번이나 나의 쓸 것을 보내었도다"(빌 4:16)라고 하였다. 바울은 고린도 교회에 보내는 편지에서 "성도를 위하는 연보에 관하여는 내가 갈라디아 교회들에게 명한 것같이 너희도 그렇게 하라 매주 첫날에 너희 각 사람이 수입에 따라 모아 두어서 내가 갈 때에 연보를 하지 않게 하라"(고전 16:1-2)고 하며 매주 선교를 위한 헌금을 별도로 마련할 것을 당부하고 있다. 로마 교회에 보내는 편지에서는 그가 스페인으로 가는 선교 사역을 지원해 줄 것을 당부하기도 하였다(롬 15:23-24).

바울은 천막 기술자로 일하면서 자기와 동료들이 쓸 것을 마련했지만, 대부분 그가 세운 교회들의 물질적인 후원으로 사역과 구제하는 일을 감당할 수 있었음을 알 수 있다.

그동안 필자는 전적으로 성도들이 보내는 헌금에 의존해서 사역해 왔다. 선교회의 재정을 책임져 줄 이사회나 후원회 없이 하나님께 기도하며 성령에 감동된 성도들이 보내는 헌금으로 사역을 이루어 왔다.

그동안 최선을 다해서 아프리카 5개국을 위한 사역을 감당하며 여러 지역에 선교센터를 건축하고 선교사들을 파송하여 많은 사역이 진행되고 있다. 선교센터의 길에 깔린 블록 하나, 벽에 박힌 못 하나까지 모든 것이 성도들이 보낸 헌금으로 이루어진 것이다.

교회는 선교사의 은사를 받은 자들을 발굴하고 양육하여 파송하는 데 힘을 쏟아야 한다. 선교사를 파송하되 잘 준비된 선교사를 파송해야 한다.

2) 선교사 준비

세계선교에 있어 한국교회가 해결해야 할 가장 큰 과제는 선교사의 자질 향상이라는 지적이다. 선교사에 대하여 '선교사 리콜'이라는 말이 나올 정도다.

리콜이라는 말은 폐기 처분을 의미하는 것이 아니다. 파송한 교회와 선교회가 그들을 불러서 오동작하는 부품은 고쳐서 다시 보내는 것을 의미한다. 이런 말이 더 이상 회자되지 않도록 선교사들이 자신을 돌아보고 자질 보완을 위해 노력해야 하겠다. 이제 선교사의 길을 떠나려고 준비하는 지망생들은 더욱 철저히 준비해서 선배들의 부끄러운 모습을 반복하지 않아야 한다.

선교사의 자질 평가의 척도가 될 수 있는 일곱 가지 요소를 여기

소개해 본다.

언어

언어 소통이 되지 않으면 사역이 진전될 수 없다. 언어 습득은 단기간에 이루어지는 일이 아니기 때문에, 선교사가 되기 위해서는 사역할 국가를 정하고 출발하기 전에 미리 철저하게 언어를 습득해야 한다. UN에서 공식적으로 사용하는 공용어는 영어, 프랑스어, 러시아어, 스페인어, 아랍어, 중국어 등 6개 언어이다. 세계 대부분의 지역이 UN 공용어권에 속한다.

대부분의 한국 선교사들이 영어권과 중국어권 국가에는 쉽게 접근할 수 있으나, 프랑스어, 러시아어, 아랍어, 스페인어권에는 선교사 파송이 적은 편이다. 젊은 선교사들은 아직 한국인 선교사들이 많이 파송되지 않은 나라의 언어를 준비하는 것이 좋겠다.

식민지를 겪은 저개발 국가들은 공용어 외에 각 나라의 언어와 지방별 방언을 갖고 있다. 이런 나라의 저변에서 현지인들과 긴밀한 관계를 갖기 위해서는 그들이 사용하는 언어도 습득해야 한다.

전문지식

선교사는 자신의 사역에 전문인이 되어야 한다. 전도와 교회 개척을 하기 위해서는 타문화권, 타종교권에서의 전도 방법과 교회 개척의 전문지식을 갖추어야 한다. 현지의 지도자 양성이나 신학교 사역을 위해서는 강의할 수 있는 자격을 갖추고 강의할 내용에 전문인이 되어야 한다. 학교 사역이나 고아원 등 사회봉사 시설과 같은 간접적인 방법의 선교를 준비하는 사람들은 그 분야의 전문지식을 갖추어야 한다.

점차 4차 산업혁명 시대의 선교가 어디로 갈 것인지 선교사들은 앞을 예측할 수 없다. 선교는 이런 분야의 많은 전문 인력이 필요하다. 선교를 지원하는 전문인 사역을 준비하는 것도 좋겠다.

리더십

선교사는 어떤 형태로든 리더의 자리에 서게 된다. 리더는 공동체의 목적을 달성하기 위해 목표를 제시하고 실행 방법을 가르치며 구성원들이 그 목표를 성취하도록 돕는 사람이다. 리더는 앞서 나가는 사람이기 때문에 미래를 보는 눈이 있어야 하고, 문제를 해결하며 위기가 닥쳤을 때 돌파하는 능력을 가져야 한다. 리더는 그가 성취하고자 하는 목표를 바로 알아야 하고, 그 목적을 성취할 수 있는 방법을 알아야 한다. 실제로 선교 현장에서 선교사들의 리더십 부재로 사역이 방향을 찾지 못하고 우왕좌왕하다가 끝나 버리는 경우가 많다. 선교사의 리더십 부재는 재정과 시간만 낭비하는 결과를 초래한다.

관계성

선교의 성패에 직접적인 영향을 미치는 것은 관계성이다. 여기서 말하는 관계성은 선교 팀원 간의 관계성뿐 아니라 선교의 대상자인 현지인들과의 관계성이다. 선교지에서 같은 한국인들 간에는 좋은 관계를 유지하는 선교사들이 현지인들과의 관계에 어려움을 겪는 경우가 많다. 현지인들의 문화와 생활 습성을 이해하지 못하고, 그들을 고치려는 성급함 때문에 현지인에게 많은 상처를 주는 것으로 마치는 경우가 있다.

현지인들에게 화내고 소리 지르며 인종차별적인 말을 쏟아내면서 좋은 관계를 기대할 수는 없다. 성공적인 선교를 감당하기 위해서는 현지인 스태프들에 대한 신뢰와 사랑으로 그들과 동등한 동역자로서의 관계를 맺는 것이 중요하다.

재정 관리

선교사는 자기 나라를 떠나 외국에서 살면서 생활비나 사역에 필요한 경비를 파송한 교회나 후원자들이 보내는 후원금으로 재정을 충당한다. 전문인 사역으로 자비량 선교를 하는 경우에도 바울이 그랬던 것처럼 현지에 필요한 사역을 감당하기 위해서는 후원자들의 후원이 필요하다.

후원금을 얼마나 만드는가도 중요하지만, 어떻게 사용하는가 하는 것이 선교사의 자질을 가늠한다. 어떤 선교사는 백만 달러를 가지고 십만 달러만큼 일을 하지만, 어떤 선교사는 십만 달러를 가지고 백만 달러만큼의 일을 성취해 낸다.

영성

선교는 성령의 사역이다. 재정을 많이 확보하고, 전문지식과 리더십이 있다고 선교를 잘 감당하는 것은 아니다. 선교사는 영적으로 깨어 있어야 한다. 성령의 음성에 민감하게 반응하며 성령이 하게 하시는 일을 감당해야 한다. 선교사에게는 믿음과 섬김과 기도의 영성이 있어야 한다.

선교사가 늘 영적으로 깨어 있기 위하여 중보의 기도가 필요하다. 선교사를 파송한 교회와 선교회는 중보기도를 통해 선교사의 영성이 깨어 있도록 해야 한다. 영적 전쟁의 현장에서 영성이 죽어 있는 선교사는 선교를 방해하는 마귀의 수단이 될 수도 있다.

인격

선교사의 인격은 자질을 평가하는 가장 중요한 척도가 될 것이다. 선교사의 인격적인 결함으로 선교지의 독이 되는 경우가 있다. 다른 선교사들의 사역을 비판하고 비난하는 습관을 가진 사람이 있는가 하면, 가는 곳마다 분열을 일으키는 자들이 있다.

신임으로 현지에 도착한 젊은 선교사들이 선배 선교사들에게 안하무인의 인격을 드러내기도 한다. 이런 자들은 현지인들에게도 무례하며 성급하고 분내기를 쉬지 않는다. 현지에서 배신 등의 이유로 상처투성이인 선교사들이 현지인들에 대한 의심과 차별적 언사로 현지인들과 힘겨운 싸움으로 일관하는 경우도 있다. 선교사가 선교지에 존재해서는 안 되는 독이 되지 않도록 자기의 인격을 점검해야 한다.

3) 선교회와 선교

선교사는 교회에서 성장하고 양육된 사람이다. 그들은 교회의 사역과 봉사를 통하여 선교사로서의 소명을 확인하고 파송된 사람이다. 또한 준비에 있어서도 선교사의 자질을 갖춘 사람이어야 한다.

이제 고국을 떠나고 교회를 떠나고 가족을 떠나 광야로 나가야 한다. 교회에서 많은 사람들의 보살핌과 사랑받는 자리에서 일어나 선교지에 홀로 서는 사역자가 되어야 한다. 교회는 양육과 친교 중심적인 공동체이지만, 선교회는 사역 중심적인 공동체이다. 이제는 남을 양육하고 베풀고 사랑해야 하는 선교 환경에 적응해야 한다.

선교 교육

선교회는 교회와 연관하여 선교사의 소명을 가진 사람들을 추천받아 교육하는 역할을 감당해야 한다. 한국의 일부 대형 교회들은 선교 교육의 인력이 있어 자체적으로 선교의 모델을 정해서 훈련하고 있다.

그러나 대부분의 교회가 선교 훈련을 자체적으로 진행하기는 불가능하다. 선교회는 지역 교회에 선교사 교육 프로그램을 제공하고 교육을 도와야 한다. 선교회가 필요한 선교사를 동원하는 방법이기도 하다.

선교사 현장 훈련

선교사가 되기 위해서는 선교회를 통해 현장 훈련을 받아야 한다.

자기가 원하던 선교지가 자신과 가정이 견딜 수 없는 환경일 수도 있다. 이런 경우 본국에서의 생활을 모두 정리하고 선교 현장으로 갔다가 적응하지 못하고 이리저리 떠돌게 된다. 선교지로 떠나기 전에 원하는 지역의 선교회와 연결하여 선교 훈련과 현장 인턴십으로 현장의 상황을 파악하는 기회를 갖는 것이 좋다.

따라서 잘 준비된 선교회를 만나는 것이 중요하다. 개인 선교사와 연결되는 경우에는 그 선교사의 사역과 개인 인격에 대하여 잘 아는 믿을 만한 사람들의 추천을 받는 것이 중요하다. 현장 훈련을 담당해 줄 선교사나 선교회를 잘못 만나면 영적으로 크게 아픔을 겪고 선교의 길을 포기하는 경우도 많다.

선교사 파송 및 현장 사역

선교회를 통해 훈련을 받으면 선교회 소속 선교사들과 함께 동역하면서 그들의 경험을 쉽게 습득할 수 있다. 선교 사역에 필요한 인프라가 구축된 선교회라면 별도의 재정적인 부담 없이 사역에 전념할 수 있을 것이다.

그러나 훈련받은 선교회에 소속하지 않고 독자적으로 사역할 경우에는 훈련을 받은 곳을 떠나서 사역을 개척해야 한다. 선교 훈련을 받고 독자적으로 사역하면서 훈련센터나 자신을 도운 개인 선교사가 사역하는 지역의 근거리에서 똑같은 사역을 하여 선교의 장애물이 되는 경우가 많다. 이런 사람들 때문에 선교회나 선교사가 현장 훈련을 돕는 일을 회피하게 된다.

교회와의 관계

교회는 선교사를 파송하되 파송 선교사가 선교회의 지도 아래 사역할 수 있도록 해야 한다. 선교회는 파송 교회에 사역 평가 보고서를 제출할 수 있는 방식으로 교회와 선교회가 공동으로 선교사를 지도하고 보호할 수 있어야 한다. 교회는 선교사가 현지 선교회를 이탈하여 독단적인 선교회를 세우는 일을 협력하거나 방조해서는 안 된다. 선교사에게 문제가 발생했을 때 선교회는 파송 교회에 알려 선교사에 대한 조치를 요청해야 한다. 교회와 선교회 간에 선교사 파송에 관해 양해 각서를 작성해 두는 것이 좋겠다.

선교사 출구 전략

선교지에서 은퇴하고 떠나는 선교사들의 출구 전략이 한국교회의 큰 과제라고 할 수 있다. 평생을 선교사로 사역하고 은퇴하는 선교사들을 위한 은퇴촌의 설립이 불가피하다. 그러나 한 선교회가 감당할 수 없는 일이기에 한국교회가 연합하여 선교사 은퇴센터를 건립해야 할 것이다.

교회와 선교회가 선교사 은퇴촌 건립을 위한 컨소시움을 조직해서 추진한다면 가능한 일이라고 본다. 은퇴 선교사들이 저렴한 임대료로 마지막 생을 살 수 있도록 도울 수 있는 방법을 찾아 실현해야 할 때다.

월드미션 프론티어의 선교 훈련 방법

선교회가 선교사를 훈련하고 현장에 파송하는 사역을 감당해야 한다는 입장에서 우리 선교회의 선교 훈련 방법을 소개한다.

그동안 여러 방면으로 선교 훈련 프로그램을 운영하면서 여러 차례 실패를 경험하였다. 이제는 AMTIC(Africa Mission Training International Center)를 아프리카 현지에 설립하고 아프리카 선교, 특히 북아프리카를 향한 선교사 훈련을 진행하고 있다. AMTIC 훈련원은 르완다 키갈리에서 운영되고 있다.

시니어 프로그램은 AMTIC에 참석하기 전 1년간 온라인으로 선교 교과목을 이수하고 선교수련회에 참석한 후 AMTIC 과정에 참석한다.

선교 훈련 과정 소개

르완다의 키갈리 선교센터에 설립된 AMTIC(Africa Mission International Center) 선교훈련학교는 한국인과 아프리카인 선교사 후보생들이 함께 훈련을 받는다. 훈련 과정은 10개월간 진행된다.

첫 번째 학기 4개월은 언어 훈련에 집중한다. 영어, 프랑스어, 아랍어 3개 국어와 아프리카 여러 국가에서 통용되는 스와힐리어를 강의한다.

두 번째 학기 3개월은 현장 사역을 경험한다. 아프리카의 오지에 선교캠프를 설치하고 전도 활동에 참가하며 현지의 사정을 이해한다.

세 번째 학기 3개월은 여러 가지 선교에 관련된 주제의 세미나로 이어진다.

AMTIC은 선교사의 현장 적응을 돕기 위해 설립되었다. 현지인 선교사 후보생들과 10개월간 함께 생활하며, 인종차별 의식을 깨고 현지 문화를 체험하는 기회를 갖기 위한 방안이다. 열 달 동안 한국인과 아프리카 현지인이 한 기숙사에서 생활하며 그들의 삶을 이해하는 기회를 갖는 것이다.

선교의 성패는 어떤 현지 동역자를 만나는가에 달려 있다. 따라서 월드미션 프론티어는 선교회 소속 신학교를 졸업한 원주민 선교사 후보생을 선발하여 함께 훈련을 한다. 10개월간 함께 생활하고 수료할 때는 한국인과 현지인이 함께하는 선교팀이 자연스럽게 만들어진다. 아프리카의 오지 체험을 통해 열악한 환경의 현지인들의 삶을 경험하며 그들의 사정을 더 깊이 아는 기회를 삼는다.

10개월의 AMTIC 훈련을 마치고 선교회에서 사역하려면 1년간의 인턴십 과정을 거쳐야 한다. 선교회의 입장에서는 선교사의 개인적인 능력보다 중요한 것이 관계성이다. 선교회 내에서 동료 선교사들과 좋은 관계를 맺는 사람이어야 한다. 선교회가 갈등 없이 평안하게 사역하기 위한 것이다.

무엇보다도 중요한 것은 현지인들과의 관계가 좋아야 한다는 것이다. 현지인과의 관계는 선교사의 문화 이해나 가치관이나 그의 태도에 의해 정해진다.

따라서, 1년간 인턴십을 마치면 현지인 스태프로 구성된 평가위원회가 선교사 영입 가부를 결정한다. 선교회 입장에서 잘 준비된 선교사가 영입되어야 선교회에 유익한 것처럼, 선교사는 좋은 선교회와 동역자를 만나는 일이 중요하다.

2.

선교 현장의 10대 추천 사역
- 아프리카를 중심으로

    선교사로 헌신하고 준비하는 과정에서 어떤 사역을 할 것인지를 준비하는 것이 중요하다. 그동안의 교육 과정과 사회 경력을 통해 얻은 지식과 경험을 최대한 잘 활용하는 것이 좋다.

    자신의 선교 방안이 선교 현장에 어떤 필요를 채워 줄 수 있는지 현장의 상황을 잘 알아야 하는데, 이것이 선교회를 통해서 현장 훈련의 기회를 가져야 하는 이유 중 하나이다.

    우리는 이미 사도 바울의 사역과 선교 전략에 대하여 생각하였고, 초대교회에서부터 중세시대, 그리고 19세기 부흥운동 이후에 선교사들이 선교 현장에서 어떤 사역을 했는지 살펴보았다. 현대의 선교사 대부분도 이렇게 전통적인 사역을 감당하고 있는 것이다.

    사도적 은사로 복음 사역과 교회 개척의 사역을 하기도 하고, 인간의 사명 수행자로서 여러 가지 간접적인 방법으로 사역할 수도 있다.

필자는 아프리카의 5개국(르완다, 콩고, 부룬디, 우간다, 탄자니아)을 대상으로 사역하고 있는데, 각 국가와 현장의 필요에 따라 사역 방법을 정하다 보니 그동안 다양한 방법의 선교 사역을 경험해 보았다.

여기 소개하는 열 가지 추천 선교 사역은 그동안 성공적으로 추진한 사역과 또한 앞으로 추진하려고 하는 사역들이다.

선교의 방법을 자세하게 설명할 수는 없지만, 자신의 경력과 선교 현장의 사정에 따라 사역을 선택한다면 도움이 될 것이다. 아시아권이나 다른 지역의 형편을 잘 모르지만, 여기서는 아프리카에서의 사역을 중심으로 소개하려고 한다.

그러나 중요한 것은 선교 사역을 하면서 어떤 방식에 집착하고 빠지지 않는 것이다. 이제 4차 산업혁명 시대를 맞아 사회가 어떻게 변해 갈는지 변화를 예상하며 창조적인 방법을 찾아야 할 것이다.

선교 현장의 환경과 사람들의 형편과 기질에 따라 맞지 않는 선교라면 과감히 버리고 가장 효과적인 방법을 찾아내는 것도 중요하다.

1) 복음 전도와 교회 설립

선교사는 예수와 제자들이 행했던 것처럼 복음을 전하고 제자들을 양성해서 하나님의 나라를 확장하며 교회를 세우는 직접적인 방법으로 선교할 수 있다.

(1) 전도, 복음화 사역

복음을 전하는 것은 선교의 기본이고 핵심 목표이다. 따라서 순수하게 복음 전도에만 집중해서 사역하는 것이 가장 바람직하다.

개인 전도 활동은 중요하고 효과적인 사역이다.

토속신앙에 사로잡혀 있는 아프리카의 농촌 지역은 황금어장이다. 사람들이 순수해서 조심스럽게 접근하면 쉽게 마음 문을 열고 복음을 받아들인다. 선교사가 영혼 구원의 열정을 갖고 어느 지역을 목표로 각 가정을 방문하여 전도하고 지속적으로 그들을 보살피며 기도하는 사역을 통해 많은 영혼을 구원할 수 있다.

어려운 가정의 형편에 따라 필요한 도움을 주며 좋은 관계를 유지하는 것이 중요하다. 또한 가정마다 환자가 많은 아프리카의 현실을 감안하여 간단한 의학 상식을 갖는 것이 좋고, 침술 등 의료 기술을 갖는다면 더욱 효과적이다.

개인 전도 사역을 위해서는 현지 언어를 말할 수 있도록 준비해야 한다. 개인 전도를 하고 사람들이 마음 문을 열면 선교사들에게 가정 상담을 요청하는 경우가 있다. 특히 여성이 억압받는 사회에서 여성들의 아픔을 상담하기 위해서는 선교사가 현지어로 말할 수 있어야 한다. 통역자를 대동할 경우 개인의 비밀스러운 대화를 나눌 수 없기 때문에 한계점이 생기기 때문이다.

선교사는 전도자일 뿐 아니라 대상 지역의 각 가정을 보살피는 영적 아버지와 어머니의 역할을 감당하게 된다.

서브 사하라(Sub-Sahara) 지역의 대다수 나라들이 대중적으로 복음을 전하는 데 방해를 받지 않는다.

사도 바울이 가는 곳마다 대중 앞에서 복음의 선포자로 예수의 부활을 전한 것처럼 어느 곳이든지 전도집회를 통해 많은 열매를 맺을 수 있다. 대중 전도집회는 한 마을 또는 도시 전체에 미치는 영향이 크다.

월드미션 프론티어는 2001 르완다 전국 복음화대회의 개최를 시작으로 2011년까지 매년 여름 한 달 동안 대규모 선교단을 모집하여 아프리카 5개 국가를 대상으로 각종 세미나와 전도집회를 개최한 바 있다. 우리 선교회가 그동안 행한 다양한 어떤 사역보다도 선교적으로 큰 열매를 맺은 사역이라 하겠다.

현지 교회와 연결하여 충분한 시간을 두고 잘 준비하면 특정 지역의 변화에 큰 영향을 미칠 수 있다.

전도와 전도대회를 전문적으로 하는 선교단체를 만들어 보는 것도 추천할 만하다. 개인 전도와 전도대회 사역을 전문적으로 하기 위해서 대형 무대와 사운드 시스템을 운송할 수 있는 전용 트럭을 마련하는 것이 좋다. 설교자, 찬양팀, 전도팀, 기술 지원팀이 하나가 되어 전도 대상 지역을 이동하며 전도집회와 개인 전도에 집중하는 것은 가장 직접적인 선교의 사역이 될 것이다.

현지에 교회가 없는 지역에는 결신자들을 중심으로 교회를 설립하고, 현지인 사역자를 파송하는 단계로 발전시켜 나가면 교회 개척 사역과도 연결될 수 있다.

유대의 메마른 땅을 이 동네 저 동네로 걸어서 찾아다니며 전도하신 예수의 발자취를 따라가는 것은 주님이 기뻐하실 일이다.

(2) 현지인 교역자·사역자 양성

아프리카 교회의 문제점은 교역자들의 교육이다. 신학 교육 기관이 없어 목회자들이 신학 교육을 받지 못한 경우가 많다. 특히 농어촌 지역의 목회자들은 일반 사회 교육 과정도 마치지 못한 상황에서 전도사와 목사로 임명을 받아 사역을 하게 된다. 이들은 배움에 대한 목마름이 대단하다.

이제 아프리카는 정부 차원에서 교회 단속에 나서고 있다. 르완다 정부는, 신학교 학위를 갖지 못한 목사들에게는 목회를 금지한다고 발표했다. 목사의 양산으로 교회 안에 갈등이 높아지자 사회 분리 현상을 저지하기 위한 수단이다. 문교부에서 인정한 신학교의 학위가 있어야 한다고 규정했다. 교단이나 선교회가 운영하는 신학교를 모두 폐쇄하고 아주 까다로운 조건으로 문교부 등록을 의무화하고 있다. 이러한 현상이 앞으로 아프리카 전체로 퍼져갈 전망이다.

문교부로부터 학위가 인정된 신학교를 세우기 위해서는 교수 확보에 어려움이 많다. 신학, 선교학, 상담학 등을 전공하고 석·박사 학위를 가진 선교사들은 현지의 신학교에서 교수 사역으로 현지인 교역자 양성이라는 큰 사역을 감당할 수 있다.

르완다에서는 목회자의 자격을 제한하지만 대부분의 나라에서는 일반 교육의 기회를 잃고 신학 교육을 받지 못한 이들이 목회하고 있다. 이런 목회자들을 위해 신학 교육뿐 아니라 목회에 필요한 목회자료 제공과 같은 사역이 아프리카 교회를 세우는 방법이다.

월드미션 프론티어는 목회자 평생교육기관 KBBA(Kingdom Builders Bible Academy)를 설립해서 아프리카 5개국 12개 캠퍼스를 운영하고 있다. 선교회의 선교센터에 캠퍼스를 둔 경우도 있지만 대부분 농촌 지역의 현지인 교회에서 강의가 진행된다. 매월 선교회가 강사를 파견해서 현지인 목회자들을 교육하는 프로그램이다. 목회자들의 목회에 큰 도움이 되고 있다.

월드미션 프론티어는 신학대학원 과정(GOT)으로 3개국 3개 캠퍼스를 두고 목회자, 선교사, 교수 요원을 양성하고 있다.

목회자들을 위한 세미나 사역도 귀중한 사역이다. 특별한 주제로 2~3일 정도의 세미나에 여러 지역의 목회자들을 초청해서 목회를 돕는 일이다. 특히, 아프리카에서 세미나에 목회자들을 초청하려면 참석하는 목회자들을 위해 점심 제공 등을 요청하는 경우가 있는데 그런 점을 양해하고 주의 일을 위해 수고하는 목회자들을 잘 대접한다는 마음으로 세미나를 진행하면 좋을 것이다.

필자의 경우에는 사역지를 순회하기 때문에 신학교나 평생교육원의 정규 과목을 강의하지는 못하지만, 3박 4일간 일정의 '하이어 콜링' 수련회를 통해 목회자들의 사역을 돕고 있다. 물론 참석자들의 숙식비를 선교회가 부담한다.

세미나 사역은 목회자들뿐 아니라 주일학교 교사, 여성 지도자, 청소년 수련회 등 많은 사람들을 실제적으로 교육하는 좋은 선교 프로그램이다. 교사의 은사를 받은 사람들을 통해 좋은 열매를 얻을 수 있다.

(3) 교회 개척 및 설립 지원 사역

하나님이 사람을 창조하시고 생육하고 번성하여 땅에 충만하고 땅을 정복하라고 하셨다. 인간의 제1사명이다. 하나님이 만드신 땅의 곳곳에 하나님을 찬양하고 예배하는 교회를 세우는 사명이다.

선교사가 땅 끝까지 찾아가 복음을 전하고 사람의 마음에 하나님의 나라를 세우면 예수의 이름을 부르는 자들이 모여 교회가 되는 것이다.

선교사들이 운영하는 신학교나 세미나 등의 훈련을 통해 배출된 현지인 목회자들이 교회를 개척할 수 있도록 돕는 일도 중요하다. 교회 개척 단계에 좀 더 적극적인 재정적인 지원이 필요하다. 천막 교회나 장소를 임대해서 예배를 시작하면 사운드 시스템과 악기 등의 지원이 절실히 필요하다. 이런 작은 도움만 주어도 현지인들이 나가서 교회를 세워 나갈 수 있다.

교회의 개척 단계에 사역자들이 전적으로 사역에 집중할 수 있도록 목회자의 생활을 돕는 일에도 인색하지 않아야 한다. 이런 제안을 현지인들의 자립정신을 훼손하고 거지 근성을 키운다는 식으로 비판하는 이들도 있다. 현지인 사역자가 자립할 수 있는 형편이라면 그보다 좋은 것은 없을 것이다. 그럴 수 있는 형편이 되는 목회자들은 스스로 개척하도록 돕고, 자립이 전혀 어려운 지역의 목회자들의 생활을 돕는 일을 거지 근성 키운다는 이유로 막아서는 안 되겠다. 선교사는 후원자들의 후원으로 선교지에서 사역하고 있는 것인데, 자신과 동역하는 현지인 사역자들과 나누는 것은 당연한 일이다.

우리 선교회는 교회 개척과 건축을 위해 '한 가정 한 교회 세우기' 운동을 한다. 선교회가 양성한 목회자들이 예배당이 없어 찢어진 천막으로 하늘을 가리고 예배드리는 모습을 보기가 안타까워 시작한 운동이다. 한국교회 성도들이 나선다면 쉽게 해결할 일이라고 생각한다.

나무를 심어 자라면 새들이 날아와 노래하는 것처럼, 예배당을 세워 두면 어느덧 사람들이 모여와 하나님을 찬양하고 예배를 드린다.

이슬람의 전략도 이와 같다. 아프리카 전 대륙에 5마일마다 이슬람 사원 짓기 운동이 전개되고 있다. 무슬림이 전혀 없던 마을에 사원이 지어지면 어느덧 그 마을에 무슬림이 넘치는 모습을 보인다.

한인 성도들의 정성으로 세워진 작은 교회가 부흥해서 온 마을을 복음화하는 선교센터가 된다. 그 작은 교회를 중심으로 미래에는 현지 성도들의 힘으로 학교가 세워지고 마을이 복음화되는 요람이 되는 것이다.

선교사는 지금은 비록 작은 교회이지만 수십 년 후에 변화되어 갈 지역의 미래를 보며 예배당을 세우는 일을 감당하면 좋겠다.

'선교사는 말씀만 전해야지 선교 현지에 학교, 예배당을 짓는 일을 해서는 안 된다'고 주장하는 사람들은, 자신이 오늘 말씀을 전하는 공간이나 예배당 그리고 편히 누워 쉬는 숙소가 누군가의 눈물의 헌신으로 세워진 것임을 잊어서는 안 되겠다.

2) 전통적인 간접 선교 방식

학교와 병원, 구제 사역과 같은 간접적인 선교 방식이 전통적으로 이어져 왔다. 한국에서 선교한 대부분의 선교사들의 사역이었고, 한국인 선교사들이 세계선교 현장에서 하고 있는 전형적인 사역이다.

복음이 전해지고 교회가 부흥하는 지역에서도 기독교인을 교육하고 그들의 필요를 돕기 위한 사역으로 계속되고 있다.

⑷ 교육 사역

장기적으로 복음화의 목표를 이루는 데 교육 사역은 매우 중요하다. 많은 저개발 국가의 어린이들이 교육의 기회를 잃고 노동 현장에서 일을 하기도 한다. 교육 사역은 어린이, 청소년 연령뿐 아니라 대학교 교육까지 전 분야에 걸쳐 진행되어야 한다.

월드미션 프론티어의 모든 선교센터에서는 기본적으로 고아원과 유치원을 운영하며 어린이교회를 시작한다. 유치원은 어린이들에게 성경을 가르치며 학부모들을 전도할 수 있는 좋은 접촉점이 된다. 유치원으로 시작된 센터는 자연스럽게 초등학교와 중·고등학교 사역으로 확장되어 간다. 복음을 모르던 어린이들이 기독교 가치관으로 변해 가는 모습을 보는 것은 선교사에게 큰 보람이 될 것이다.

개인 선교사가 초·중·고등학교를 설립하고 교사들을 채용하여 운영비를 부담하기가 쉽지는 않다. 그래서 학교 설립에는 교회의 협력이 필요하다. 선교사를 파송한 교회가 아니더라도 한국의 교회들이 교육 선교에 목표를 두고 학교를 건축하고 운영비를 지원하는 것이 학교 운영의 방안이 될 수 있다.

'한 가정 한 교회 짓기 운동'과 같이 '한 교회 한 학교 짓기 운동'으로 교육 사역을 확장해 가면 좋겠다. 한 교회가 감당하기 어려우면 몇몇 교회가 연합하면 얼마든지 감당할 수 있는 사역이다.

작은 교회라서 할 수 없는 일이 아니다. 아무리 작은 교회도 유치원 하나 정도는 설립할 수 있고, 몇몇 교회가 같이 한다면 초·중·고등학교 사역이 가능하다. 월드미션 프론티어의 '비전 2030'은 아프리카 5개국에 20개의 선교센터를 건축한다는 목표를 포함한다. 그리고 20개의 선교센터에는 기본적으로 고아원, 유치원과 초·중·고등학교를 설립하는 것이다.

4장 선교 현장으로 가는 길

월드미션 프론티어는 현재 선교회 소속 고등학교 졸업생 중 국가 학력고사에 우수한 성적을 얻고, 평소 학교의 활동에서 신실했던 학생들을 선발하여 한국 유학을 추진하고 있다. 또 선교회가 운영하는 고아원에서 고등학교를 졸업한 학생들을 한국에 유학 보내는 경우도 있다. 고아원 어린이들은 선교센터 내에서 자라며 매주 교회 활동으로 성장한 학생들이어서 선교회에 대한 소속감이 높다.

월드미션 프론티어는 아프리카 5개국에서 사역하며 여러 곳에 선교센터를 두고 있는데 각 나라의 본부 센터에 대학교를 세운다는 목표를 추진하고 있다. 물론 신학 교육을 우선하지만 국가적 리더를 양성하기 위해서 종합대학교로 추진한다.

유럽과 영국, 미국의 경우를 살펴보면 오랜 전통을 갖고, 세계적인 인물을 배출한 대학교들은 대부분 선교사들이나 교회가 세운 기독교 정신을 바탕으로 세워진 대학들이라는 것을 알 수 있다.

한국의 경우도 선교사들이 세운 대학교들이 그동안 기독교 세계관을 가진 국가의 인재들을 양성해 왔다. 선교사가 선교 현지에서 대학을 하나 세운다는 것은 교회와 선교 국가에 큰 공헌이 아닐 수 없다.

(5) 의료 사역

월드미션 프론티어는 빅토리아 호수에 병원선을 만들어 의료 사역을 진행하고 있다. 빅토리아 호수는 탄자니아, 케냐, 우간다 3개국이 공유하고 있는 남한 땅의 2/3 크기의 담수호이다. 호수의 오염으로 호숫가 사람들에게는 물로 인한 질병률이 높다. 호수에는 천 개의 섬이 있는데 섬 사람들의 생활이 어렵고 의료 혜택을 받을 수 없는 실정이다. 또한 호숫가 지역은 내륙의 타운과는 먼 오지이기 때문에 의료 선박을 통해 의료 서비스를 제공하고 복음을 전하는 수단으로 활용한다.

병원 건축

의료시설은 디스펜서리, 헬스센터, 클리닉, 병원 등으로 그 시설 규모에 따라 구분된다. 디스펜서리는 일반 진찰과 약 처방을 하고 헬스센터는 작은 수술과 입원실을 갖추어야 한다.

클리닉은 외래 환자들을 진찰하고 처방하며 개인이 운영할 수 있는 시설이어서 의료 선교사가 개인적으로 운영이 가능한 의료시설이다. 치과도 개인병원으로 운영할 수 있고 수요가 많다.

병원은 각 분야의 전문의가 있어야 하며, 각종 의료장비를 갖추어야 하고, 수술실과 입원실을 갖추어야 하기 때문에 선교회가 감당하기는 어려운 일이다. 이렇게 막대한 병원 설립 사업을 한국교회가 북한과 아프리카 등지에 추진하는 것은 자랑스러운 일이 아닐 수 없다.

현지 의료시설에서 장기 봉사

클리닉센터, 병원을 직접 설립하기는 부담이 많은 일이다. 그러나 의사, 간호사, 약사 등의 면허를 가진 기독교인들이 선교 현지의 기독교 병원이나 정부 병원에서 자비량으로 사역을 한다면 얼마든지 길이 열려 있다. 계약된 시간의 의료 사역과 함께 다른 많은 선교 활동을 펼칠 수 있을 것이다.

단기 의료 봉사

우리 선교회는 많은 의료 봉사단의 활동을 통해 현지 주민들에게 사랑의 손길을 펼치고 있다. 의사, 간호사, 약사, 한의사 등으로 잘 조직된 의료팀이 현지에서 단기간의 사역으로 많은 사람들에게 큰 도움을 주고 위급한 상황의 환자를 살려내기도 한다.

의료선교팀은 의약품 및 소모품 일체를 준비해 가야 하며 포터블 장비(울트라 사운드, 치과 장비 등)의 준비도 필요하다. 선교지의 의료법을 사전에 파악하고 면허 문제, 의약품 반입 등의 절차가 있는 것을 알아야 한다.

의약품, 장비 지원 사역

현지는 의약품, 장비 사정이 열악하다. 의약품을 지원하는 사역은 현지에 큰 도움이 된다. 제약회사를 통해 의약품을 제공 받아 선교지로 보내는 사역이다. 요즘은 각 국가의 의약품 반입이 까다로워지고 있어 유효기간 등의 규정을 지키고 각 국가의 FDA 허가를 받아야 한다.

의료장비 지원 사업이 저개발 국가를 도울 수 있다. 미국과 한국 등 의료 선진국가에서는 의료장비를 정기적으로 교체해야 하므로 병원과 연관하여 중고장비를 수집하고 손질해서 선교 현지로 보낼 수도 있다. 몇몇 NGO 단체들이 이 사역을 하고 있는데 현지에 컨테이너 수송비까지 전액을 부담하고 있다.

(6) 구제와 지역 개발 사역

월드미션 프론티어의 선교 사역은 르완다 전쟁터와 난민촌을 대상으로 하는 구제 사역으로 시작되었다. 재난 지역 또는 빈곤 지역에서의 선교는 구제 사역을 빼놓을 수 없다. 헐벗고 굶주린 사람들에게 복음을 전하면서 그들의 삶의 형편을 외면할 수 없기 때문이다. 초대교회도 나그네를 대접하고 과부를 돌보며 병든 자들을 치료하는 일을 가장 먼저 시작하였다. 사도들은 이런 구제 사역을 중요하게 생각하였다.

그런데 초대교회에서 헬라파 유대인들과 히브리파 유대인들 사이에 구제의 배분에 대한 갈등이 일어난 것처럼 구제가 갈등의 원인이 되기도 한다. 구제에서 소외된 사람들이 섭섭한 마음으로 사역을 심히 방해하기도 한다. 따라서 구제는 분명한 기준을 갖고 대상자를 정해야 하며, 즉흥적인 감정으로 하지 않아야 한다.

선교사가 특별 구제금이 마련되어 많은 사람을 대상으로 구제할 때에는 선교사가 직접 하기보다는 지역의 현지 교회 지도자 또는 정부 기관을 통해 구제 대상자를 정하는 것이 좋다.

전쟁이나 홍수, 전염병 등 갑작스러운 재난이 발생했을 때에는 최소한 한 주간 내에 재난 현장에 구호물품이 도착해야 하는데 한국교회 실정으로는 이것이 불가능하다.

모금으로 전문적인 구제 활동을 하는 NGO 단체나 교회 단체는 일정액의 긴급재난 기금을 비축해 둘 필요가 있다. 재난 지역에 우선 구호물자를 보내고 모금을 통해 충당할 수 있어야 긴급한 구호가 이루어질 수 있다. 초기에는 현지에서 사역하는 선교사들이 현지에서 물자를 구입해서 전달할 수 있도록 재정을 송금하면 신속하게 재난에 대응할 수 있다. 갑작스런 재난이 발생했을 때 현지 선교사들은 현지의 재난 상황을 신속하게 알려 재난 지역을 돕기를 원하지만 쉽지 않다.

월드미션 프론티어는 그동안의 구호 활동 경험으로 코로나 바이러스 사태가 일어났을 때에도 SNS를 통해 현지 피해 상황을 알리고 후원자들이 보낸 후원금으로 선교센터에 공간을 마련하고 재봉틀 구입비를 송금해서 마스크를 현장에서 생산해서 제공하였다.

같은 시기에 콩고 우비라 센터의 경우에는 코로나 바이러스에 이어 에볼라가 발생하고, 홍수가 일어나 수많은 수재민이 발생하였다. 그러나 홍수 발생 1주일 만에 1천 세대의 수재민들에게 식량을 공급할 수 있었다.

월드미션 프론티어는 사랑의 염소 나누기, 극빈 가정 의료보험 대납사업, 재난 시 식량 지원 등의 구호 사역을 계속하고 있다.

가난을 물리칠 수 있도록 지역 개발을 돕는 일도 선교사들이 감당해야 할 일이다. 여러 가지 기술 교육으로 그들이 가지고 있는 것들을 활용하여 가난을 극복하도록 돕는 일이다. 서브-사하라(Sub-Sahara) 지역의 넓고 비옥한 땅, 그리고 많은 호수가 있어 물이 풍족한데도 농사를 짓지 못하는 사람들을 위하여 기술 지원과 교육이 필요하다.

3) 선교 지원 사역

복음 전도와 교회 설립, 또는 학교, 병원, 구제와 같은 간접적인 방법의 선교 사역을 지원하는 사역이 있다. 단기선교 사역이나 기술 지원 사역, 또는 사업 운영을 통한 선교의 자립을 돕는 동역자들이 필요하다.

(7) 단기선교 사역

월드미션 프론티어 각 선교센터에서는 단기선교팀이 사역할 수 있도록 문을 열어 두고 있다. 매년 여름마다 대규모로 선교단을 모집해서 개최하던 복음화대회(2001.7-2011.7)는 중단하고, 단기팀이 편리한 기간에 할 수 있도록 했다. 선교센터마다 단기선교팀을 위한 숙소가 마련되어 있어 선교팀이 최소의 경비로 단기 사역을 할 수 있다.

단기선교단의 활동을 부정적으로 생각하는 선교회나 선교사들도 있다. 단기선교단이 다녀간 후에 발생하는 부작용 때문이다. 선교지의 어렵고 불편한 생활에 대한 불만으로 현장에서 선교사들을 난처하게 하거나, 귀국한 후에는 선교사들의 사역을 비난하는 사람이 있어 교회와 선교회의 관계가 소원해지기도 한다.

여행을 목적으로 단기선교에 참여하는 경우에 문제가 더 많다. 선교사들이 선교팀의 여행을 주선하거나 안내하지만 자신들의 만족이 채워지지 않으면 선교사를 원망한다.

선교 현장에서 현지인들을 대하는 태도 때문에 선교단이 귀국한 후 선교 현지에 많은 문제들을 남기고 떠나는 경우도 있다.

여러 가지 부작용에도 불구하고 필자는 단기선교단의 활동을 계속하고 있다.

신학교 강의나 세미나 강사로 참여하는 경우에는 편리한 시간에 현지와 시간을 조율해서 참석하면 된다. 목회자평생교육원의 경우 매월 한국과 미국에서 강사를 초청하여 강의하고 있다.

팀으로 사역하는 경우에는 최소한 3~4개월 전에 선교단이 구성되고, 1개월 전에는 항공권 예약을 마치는 것이 좋다. 선교팀은 현장의 선교사와 협의해서 구체적인 일정과 사역을 정해서 기도하며 준비해야 한다. 선교단원 한 사람 한 사람이 어떤 사역을 할 것인지를 구체적으로 계획을 세워야 한다.

출국을 앞두고 갑자기 선교에 참여하는 경우에는 이를 거절할 수 있어야 한다. 선교단이 함께 준비하지 않으면 반드시 이런 사람들에 의해 많은 문제가 발생한다.

교회는 선교팀을 보내면서 파송예배를 드리고, 물질적인 지원과 함께 기도로 파송해야 한다. 단기선교팀이 현장에서 사역하는 동안 교회는 매일의 사역을 위해 기도해야 한다. 선교는 영적 전쟁의 현장이기 때문에 기도의 힘을 현장에서 느낄 수 있다. 우리 선교회는 선교단에 참가하는 단원들이 최소한 열 명에게 중보기도를 요청하도록 한다.

필자가 단기선교단 모집과 활동을 계속하는 이유는 단기선교가 선교의 다음 세대를 양육하는 방법이기 때문이다. 한국과 미국의 청년들이 선교단에 참가하여 인생관과 삶의 목적이 변화되는 경험의 장이기 때문이다. 선교단이 성령이 충만한 가운데 사역을 하고 나면 현장에도 선교의 열매가 크지만, 선교에 참여했던 청년들이 삶이 완전히 변화된다.

(8) 전문 기술 지원 사역

4차 산업혁명 시대에 복음 전파 사역을 이어가기 위해서 발로 뛰는 전도 사역은 계속되어야 하겠지만, 정보통신 기기들을 이용하기 위해서는 전문가들의 지원 사역이 필요하다. 그뿐 아니라 의료기기 기술 지원, 농업 기술 등 많은 전문 분야의 기술지원팀의 보조 사역이 요구된다.

정보통신 기술 지원

세계의 교육 시스템에 큰 변화가 예상된다. 실제로 온라인상에서 각종 지식을 쉽게 취득할 수 있게 되었기 때문에 오프라인 캠퍼스는 축소될 것이 분명하다. 선교지에서도 신학교나 세미나를 개최하기 위해 강사가 직접 현장에 가지 않고 온라인으로 교육하는 방법이 경제적으로도 저렴하고 확장성이 있어 이용해 볼 만하다. 온라인 방송 강의를 위한 기술 지원 사역이 요청된다.

기독교 활동이 극심하게 제한된 이슬람 국가 또는 북한과 중국과 같은 기독교 박해 국가의 선교를 위해 온라인 전도의 수단으로 정보통신 기술이 필요하다.

의료장비 기술 지원

저개발 국가의 의료장비 문제는 장비 보급 환경의 열악함도 있지만, 정부나 NGO 단체들이 제공한 의료기기들의 유지 보수의 문제가 더 크다. 아주 작은 고장에도 고가의 장비들이 쓸모없는 고철 취급을 받는 경우가 많다.

현지의 병원을 방문하면 엑스레이, 울트라 사운드, 내시경, MRI 장비 등이 사용되지 못하고 방치되어 있는 경우가 많다. 의료장비 기술자들이 특정 병원을 정하여 매년 지속적으로 단기간의 휴가를 통해 장비 점검을 도울 수 있다.

농업 기술 지원

극빈 국가에서 사역하는 선교사들은 농업 기술 전수에 관심이 많다. 또한 농장 운영은 선교의 자립 기반이기 때문에 농업, 축산업, 어업에 대한 기술 지원을 필요로 한다. 지구의 이상 기온 현상으로 농산물의 수확이 크게 줄어들어 세계는 식량난을 맞을 것이라는 전망이다. 인간의 먹거리를 위한 기술 지원 사역이 요청된다.

건축 기술 지원

세계 선교지에서 장기적으로 선교하기 위해서는 선교센터의 건축은 필수적이다. 단기간 사역하고 철수할 계획이면 현지의 임대 건물을 사용할 수 있지만, 장기적으로 선교센터를 현지화하고 지속적으로 사역하기 위해서는 선교센터를 건축하는 것이 바람직하다. 선교센터의 건축과 시설을 갖추기 위해서는 건축에 관련된 기술자들의 지원이 필요하다. 설계에서부터 시공, 전기 설치, 비품 제작 등 기술자의 협력이 요청된다.

기술 교육

장래적으로는 현지인들의 기술력으로 사역이 계속되기 위해서 기술 교육이 필요하다. 기술학교 등의 장기 사역도 있지만 단기간의 방문을 통하여 세미나 등의 형식으로 기술을 가르칠 수 있다.

기술 지원 사역팀은 현장에 장기 체류하며 선교회 내의 팀으로 사역할 수도 있지만, 자신이 거주하는 지역에서 온라인으로 지원할 수도 있고, 현장에 필요한 경우에라도 단기간 방문을 통한 지원이 가능하다. 자신이 가지고 있는 기술을 복음 사역을 돕는 데 사용하겠다는 기독교인들이 많을수록 세계 복음화는 앞당겨질 수 있다.

(9) 선교 자립 지원 사역

한국교회는 3만 명이라는 경이적인 숫자의 선교사들을 세계 각처에 파송하였다. 한국의 경제 성장이 한국교회의 선교를 가능하게 하였다. 그러나 이제 한국교회는 자연 감소 추세다. 청년, 대학생 세대가 교회를 떠나고, 출산율이 낮아지면서 교회에 어린이가 없다. 앞으로 한국교회가 현재 수준의 선교를 유지하기는 불가능하게 될 것이다. 그러므로 선교회와 선교사들은 서둘러 자립의 기반을 마련해야 할 것이다.

요즘 BAM(Business as Mission) 선교를 선교 자립의 대안으로 말하는데, 선교 현지에서 사업과 함께 선교를 병행한다는 전략이다. 그러나 사업과 순수한 선교가 공존하기 어렵다는 부정적인 요인도 지적된다. 사업을 경영하려면 사업 자체로도 어려움이 많기 때문이다. 더욱이 현장에서의 사업 자체가 선교인 것처럼 선교비가 사업 유지에 낭비될 수 있다는 지적이다.

이런 점을 보완하기 위해 월드미션 프론티어는 사업과 사역을 완전히 분리하여 자립 기반을 마련하고 있다. 선교회 내의 사업팀은 사업에 매진하여 사역팀을 재정적으로 돕고, 사역팀은 사역에만 집중한다는 방안이다.

사업팀은 선교비로 사업을 운영하는 것이 아니라 개인 투자로 사업을 운영하고 사업 경영의 이익금으로 선교를 지원하는 방안이다. 선교회는 지원팀이 사업을 시작하도록 안내하는 일을 하고 사업 자금은 본인이 마련하여, 사업과 선교는 완전히 구별한다. 선교회의 자립을 위한 팀 사역으로 수입의 십일조 정도로 선교를 돕는다면 선교 자립이 이루어질 수 있다.

우리 선교회는 르완다 키갈리 센터에 아웃리치 미션센터(Outreach Mission Center)를 건축하였다. 선교회가 부지를 제공하고 후원자 한 분이 건축비를 부담해서 건축하고 임대 수입을 배분하는 방식이다. 이 경우는 사업을 직접 운영하는 것이 아니기 때문에 분배에 대한 갈등의 소지도 없다.

탄자니아 이솔래 선교센터에 대학교를 건축하였는데 농·축산 등 생산 활동을 통해 선교의 자립 기반을 마련하려고 노력하고 있다.

선교 사역의 자립 지원 사역은 한국교회가 보유하고 있는 엄청난 은퇴 인력으로 가능하다. 이제는 건강 백세 시대라고 하는데, 60대에 은퇴하고 10~20년은 건강하게 사역할 수 있는 기간이 남아 있다. 선교를 위해 자기의 남은 시간과 재산을 투자하여 젊은 선교사들이 마음껏 복음 사역을 감당하도록 돕는 선교 자립 지원 사역을 일으킨다면 한국교회의 선교는 더욱 강하게 사역을 감당할 수 있을 것이다.

(10) 세계기구 및 정부기관 봉사 사역

한국의 세계적 위상이 높아져서 한국인들의 국제기구 진출이 점차 늘고 있다. 미국이나 유럽 지역에서 태어난 한국인 2세들의 역할이 눈부시다. 기독교인들이 세계기구를 통해 선교적으로 사역하는 것을 추천하고 싶다.

세계의 분쟁 국가, 재난 국가, 빈곤 국가를 돕고 있는 많은 국제기구들이 있다. 유엔 산하 기관으로 유엔 개발프로그램(UNDP)은 세계 170개국에 지부를 두고 가난을 극복하려고 노력하고, 세계식량계획(WFP)은 재난 지역에 식량을 지원한다. UNHCR(난민고등판무관)은 난민이 발생하면 유엔의 중재 아래 난민촌을 설치하고 난민들을 돕는다. 이외에도 많은 유엔 기구들이 갖고 있는 막대한 자원을 사용하는 위치에 한국 기독교인들이 많이 있어 자원을 잘 활용하면 좋겠다.

한국에서 유엔 사무총장이 배출됨으로 한국인들의 진출이 늘고 있기에 기독교인들이 도전해 볼 만하다. 유엔뿐 아니라 각 정부에도 외교부 산하에 세계 구제 기금을 사용하는 부서들이 많이 있다. 한국은 외교부 산하의 코이카 등 정부기관을 통해 세계로 나가 봉사할 기회가 있다.

국제적인 NGO 단체를 통해 봉사의 기회를 얻어 보는 것도 바람직하다. 세계 각처에서는 NGO 단체의 활약이 눈부시다. 또한 각국 정부는 손길이 닿지 않는 일들을 위해 NGO 단체들을 지원하고 있는데 한국에도 많은 NGO 단체가 있다.

유엔 기구나 각국의 NGO 단체에서 파견될 경우 생활비 일체가 지원되는 장점이 있지만 해당 기관에서 정해진 업무 외에는 복음적인 일을 할 수 없다는 단점이 있다. 그러나 근본적으로 인류의 삶을 향상시키고 생명을 지키는 것이 인간의 사명이라는 점에서 헌신할 수 있겠다.

정부 기관이나 국제 NGO 단체의 문이 좁지만, 현지 학교나 병원 등의 기관과 연결해서 자비량으로 봉사할 수 있는 기회는 얼마든지 열려 있다.

이슬람권에서는 아프리카 대륙을 이슬람 벨트로 선언하고 막대한 재정을 투자해서 이슬람화를 이루어 가고 있다. 이슬람에서 운영하는 학교의 선호도가 높아지고, 아프리카의 각 대학은 이슬람 국가의 지원으로 파견되는 교수들이 증가하면서 대학이 이슬람 포교의 전진 기지가 되고 있다.

제3세계의 어린이, 청소년, 대학생의 복음화를 위해 많은 교사, 교수 출신들이 선교 현지의 초·중·고등학교와 대학교에서 교사로 봉사할 수 있다면 선교의 문은 활짝 열려 있다.

3.

선교사 십계명

　선교사는 현지에 배치되어 사역을 하면서 많은 문제에 부딪치게 된다. 문화가 다르고 언어도 다른 외국에 살면서, 자기도 모르는 실수로 선교지 사람들에게 상처를 주고, 그들의 문화를 이해하지 못해 상처를 받기도 한다.

　영적으로 밀려오는 시험을 견디며, 한 사람의 인간으로서 내면에 일어나는 갈등을 이겨 내야 한다. 내가 무엇 때문에 이렇게 희생하는 삶을 살아야 하는가, 선교는 무엇인가 하는 회의가 일어나기도 한다. 어떻게 하면 선교 사역을 잘해서 좋은 열매를 맺을 수 있을까 고심하며 아무리 잘하려고 해도 사방이 막혀 좌절하게 된다.

　열정적으로 사역을 시작했는데 어려운 상황을 극복하지 못하여 포기해 버리고 싶어진다. 믿어 주고 베풀어 주어도 선교사를 배신하는 일을 겪으며 내면적인 분노를 참을 길이 없다. 그들을 위해 목숨이라도 버릴 것 같은 사랑의 감정으로 시작했는데, 어느 날부터인가 그들을 향한 서운함과 미움의 감정에 빠져 고통스러워한다.

눈앞에 해야 할 일은 많고 현실적으로 재정은 부족한데, 주변의 다른 선교사들은 많은 후원자들이 있어 풍요롭게 사역하는 것 같아 질투심이 일어나기도 한다.

어떻게 하면 선교 사역을 잘 감당하는 좋은 선교사가 될 수 있을까 고민하는 선교사들에게 열 가지 제안의 글을 '선교사 십계명'이라는 주제로 정리해 본다.

1) 예수 중심의 삶을 살라

예수 중심의 삶은 예수를 "나의 주 나의 하나님"으로 고백한 삶이다.
시몬 베드로는 예수를 "주는 그리스도시요 살아 계신 하나님의 아들이시니이다"(마 16:16)라고 고백했다. 부활 후 다락방에 나타난 예수를 만나지 못했던 도마는 "그의 손의 못 자국을 보며 내 손가락을 그 못 자국에 넣으며 내 손을 그 옆구리에 넣어 보지 않고는 믿지 아니하겠노라"(요 20:25)고 하였다.

여드레 후에 다시 나타나신 예수는 도마에게 "믿음 없는 자가 되지 말고 믿는 자가 되라"(요 20:27)고 하시고 "보지 못하고 믿는 자들은 복되도다"(요 20:29)라고 하셨다. 도마는 예수께 "나의 주님이시요 나의 하나님이시니이다"(요 20:28)라고 고백하였다.

예수 중심의 삶은 부르심의 상을 위하여 달려가는 삶이다.

세상 사람들은 부귀와 명예와 쾌락을 좇아 살지만 복음을 위해 부르심을 받은 자들은 사명의 푯대를 향하여 달려가야 한다. 사도 바울은 "푯대를 향하여 그리스도 예수 안에서 하나님이 위에서 부르신 부름의 상을 위하여 달려가노라"(빌 3:14)고 하였다.

선교사는, 이 세상에서는 고난과 비웃음의 초라한 삶을 살지만 복음을 전한 자들에게 주어지는 상을 바라보며 사는 것이다. 예수는 제자들에게 "내가 너희를 위하여 거처를 예비하러 가노니 가서 너희를 위하여 거처를 예비하면 내가 다시 와서 너희를 내게로 영접하여 나 있는 곳에 너희도 있게 하리라"(요 14:2-3)고 약속하셨다.

복음을 전하는 자들을 위해 거처를 예비하고 영접해 주실 것을 약속하신 것을 기대하는 삶이다.

예수 중심의 삶은 예수의 능력으로 사는 삶이다.

예수는 "너희가 나를 택한 것이 아니요 내가 너희를 택하여 세웠나니 이는 너희로 가서 열매를 맺게 하고 또 너희 열매가 항상 있게 하여 내 이름으로 아버지께 무엇을 구하든지 다 받게 하려 함이라"(요 15:16)고 하셨다. 사역을 위해 필요한 것을 사람의 힘과 능력에 의지하는 것이 아니라 예수의 이름으로 아버지께 구함으로써 얻는 것이 예수 중심의 삶이다. 사도 바울은 "오직 부르심을 받은 자들에게는 유대인이나 헬라인이나 그리스도는 하나님의 능력이요 하나님의 지혜니라"(고전 1:24)고 하였다.

예수 중심의 삶은 고난을 두려워하지 않는 삶이다.

사도들은 예수의 이름을 위하여 능욕 받는 일에 합당한 자로 여기심을 받는 것을 기쁘게(행 5:41) 생각하였다. 선교사로 부르심을 받아 예수의 이름을 위해 고난받는 것을 감사해야 한다. 사도 바울은 예수의 이름을 위하여 결박당하고 죽을 것도 각오한 사람이었다(행 21:13).

예수 중심의 삶은 예수에게 붙어 있어 열매를 맺는 삶이다.

선교사를 보내신 예수는 "나는 포도나무요 너희는 가지라 그가 내 안에, 내가 그 안에 거하면 사람이 열매를 많이 맺나니 나를 떠나서는 너희가 아무것도 할 수 없음이라"(요 15:5)고 하셨다. 예수 중심의 삶은 예수에게 붙어 열매를 맺는 삶이다. 선교사를 보내신 예수가 기대하는 것은 열매이다.

2) 비저너리가 되라

비저너리 리더십에 대한 책 《하이어 콜링》에서 필자는 "비전은 지금도 일하시는 하나님이 이 땅에서 새 일을 행하면서 특별히 준비한 사람을 불러 특별 사명으로 부르시는 것이다. 비전은 하나님의 목적이며, 하나님의 능력으로 행해지는 사명이다. 비전은 더 높은 소명(The Higher Caling)이다"라고 정의했다.

비전은 하나님이 특별한 목적으로 부르셔서 하게 하시는 일이다.

선교사의 자리에서 부르심에 합당하게 최선의 삶을 살아갈 때 하나님은 특별한 일을 행하도록 비전으로 주신다.

> 비전은 세상에 존재하지 않는 일에 대한 분명한 그림이다.
> - 비전은 하나님이 행하시는 기이한 일이다(욥 9:8-10).
> - 비전은 반드시 이루어지는 하나님의 계획이다(사 43:18-20).
> - 비전은 하나님이 불러 시키시는 일이다(사 46:10-11, 행 13:1-3).
> - 비전은 마음의 소원이다(빌 2:13).
> - 비전은 책임감이다(행 3:6).
> 비전은 더 높은 소명이다.

선교사는 평범한 삶의 영역에서 벗어나 "가장 위대한 사명"의 자리에서 사역하고 있는 것이다. 그러나 하나님은 그 자리에서 행해야 할 특별한 새 일을 사명으로 주시는데, 선교사는 그 비전을 사모하고 행하려는 갈급한 마음이 있어야 한다.

비전은 사람의 힘으로 행할 수 있는 일이 아니라 하나님의 힘으로 감당할 수 있는 일이다. 비전은 선교사가 그 일을 위하여 목숨을 걸어 보겠다는 마음의 소원이며 책임감이다. 어떤 선교사는 하나님의 비전을 스쳐 가고, 어떤 선교사는 믿음으로 비전을 받아 행한다.

비전은 믿음으로 받아 믿음으로 감당할 수 있는 신비하고 높은 부르심이다. 인류의 역사는 비저너리들의 비범함을 통하여 변화되어 왔다. 선교지의 큰 변화는 비전이 있어야 이루어진다.

비저너리 리더가 되기 위해서는 세 가지 비저너리의 특성을 갖추어야 한다.
- 비저너리의 근성(정신)은 개척정신, 개혁정신, 불굴의 열정이다.
- 비저너리의 품성은 그의 가치관에 의해 형성된다. 돈과 명예와 쾌락에 대한 가치관이다.
- 비저너리는 믿음의 영성, 섬김의 영성, 기도의 영성을 갖추어야 한다.

사도 바울이 아그립바 왕에게 "하늘에서 보이신 것(the Vison from heaven)을 내가 거스르지 아니하였다"(행 26:19)고 한 것처럼 하나님이 보여주시는 비전을 거침 없이 성취하는 선교사가 되어야 하겠다.

3) 최선의 삶을 살라

최선의 삶은 자신의 모든 역량을 최대한 선교에 집중하는 삶이다. 하나님은 모세를 부르시고 그의 손에 지팡이를 들려 주셨다. 그 하나님이 선교사를 보내실 때 빈손으로 보내지 않으신다. 선교사는 자기 손에 들려 주신 것이 무엇인지 분명하게 알고 맡겨 주신 사명을 위하여 최대한 활용해야 한다. 지식이나 재능, 물질이나 건강, 지혜와 기술 무엇이든 최대한 활용하여 가장 효과적인 선교를 감당할 때 열매가 있다.

최선의 삶은 모든 시간을 선교에 집중하는 삶이다.

시간보다 귀한 것은 없다. 되돌아오지 않는 시간을 오락과 취미 생활에 빠지지 않도록 주의하라. 건강 관리와 자녀들을 위한 특별한 시간을 가져야 하지만 불필요한 일에 시간이 낭비되지 않도록 해야 한다.

하나님과의 만남의 시간을 잃지 않도록 주의하라. 기도하는 시간, 말씀을 묵상하는 그 시간을 통해 하나님의 음성을 듣고 지혜를 구하라. 사역에 관련하여 최대한 시간을 투자하라.

최선의 삶은 최대한 물질을 선교에 투자하는 삶이다.

부어도 부어도 끝이 없는 선교 현장이지만 매일매일 하나님이 주시는 대로 최대한 투자하면 어느덧 열매를 맺게 된다. 하나님이 많은 물질을 한 번에 주시지 않기 때문에 선교사에게는 언제나 물질이 부족하다. 그러나 인색한 마음으로 하지 말고 투자할 수 있는 최대한의 것을 투자하면 하나님은 더 큰 것으로 채워 주신다. 절약하되 인색한 마음으로 하지 말고 힘에 지나도록 투자하고 최대한 입을 크게 벌려 구하라.

하나님은 "나는 너를 애굽 땅에서 인도하여 낸 여호와 네 하나님이니 네 입을 크게 열라 내가 채우리라"(시 81:10)고 하셨다.

최선의 삶은 헌신하는 삶이다.

솔로몬은 "여호와여 다윗을 위하여 그의 모든 겸손을 기억하소서 그가 여호와께 맹세하며 야곱의 전능자에게 서원하기를 내가 내 장막 집에 들어가지 아니하며 내 침상에 오르지 아니하고 내 눈으로 잠들게 하지 아니하며 내 눈꺼풀로 졸게 하지 아니하기를 여호와의 처소 곧 야곱의 전능자의 성막을 발견하기까지 하리라 하였나이다"(시 132:1-5)라며 아버지 다윗의 최선의 삶을 서술하였다.

사도 바울은 "맡은 자들에게 구할 것은 충성이니라"(고전 4:2)고 하였고, 주님은 "네가 죽도록 충성하라 그리하면 내가 생명의 관을 네게 주리라"(계 2:10)고 하셨다.

최선의 삶은 열정적인 삶이다.

열정은 뜨거운 마음이다. 복음 전파의 열정, 구원의 열정을 잃지 않아야 한다. 엘리야 선지자는 호렙 산 동굴에서 하나님을 만났을 때 "내가 만군의 하나님 여호와께 열심이 유별하다"(왕상 19:10, 14)고 하였다. 예수의 보내심을 받은 선교사들이 사역을 다 마치고 주님을 만났을 때 "나는 주를 위하여 특별한 열심으로 살았습니다"라고 말할 수 있는 것이 최선의 삶이다.

4) 은근과 끈기로 하라

은근이라는 말의 뜻은 행동을 함부로 드러내지 않고 은밀하게, 야단스럽지 않게, 그윽하게 나타내는 것을 뜻한다. 끈기라는 말은 쉽게 단념하지 않고 끈질기게 견디는 기운이다. 은근과 끈기와 비슷한 말로 외유내강(外柔內剛)이라는 사자성어가 있다. 겉으로는 부드러운 것 같지만 안으로는 강하다는 뜻이다.

우리 민족의 본래 기질을 '은근과 끈기'라고 하는데, 현대사회에서는 찾아보기 힘든 기질이다. 한국인들의 기질이 성급하고 참을성이 없고 쉽게 포기해 버리는 모습으로 변해 버린 것 같다.

선교사가 복음을 위해 가져할 마음이 은근과 끈기, 외유내강의 정신이다. 예수의 마음이라 하겠다.

이사야 선지자는 예수의 모습을 "그는 주 앞에서 자라나기를 연한 순 같고 마른 땅에서 나온 뿌리" 같지만 "그가 곤욕을 당하여 괴로울 때에도 그의 입을 열지 아니하였음이여 마치 도수장으로 끌려가는 어린 양과 털 깎는 자 앞에서 잠잠한 양같이 그의 입을 열지 아니하였도다"(사 53:2, 7)라고 표현하였다. 예수는 온유한 모습으로 골고다 십자가를 포기하지 않으셨다.

누군가는 인간의 성공 조건 세 가지는 Passion(열정), Persistence(끈기), Patience(인내)라는 3P라고 했다. 선교사는 최선의 삶을 사는 사람이다. 그런데 그 열정이 오래가지 못하고 금방 식어 버린다면 아무 소용이 없다. 최선의 삶에 더해야 하는 것이 은근과 끈기이다.

선교지에서는 무한대의 인내가 필요하다. 서둘러서 되는 일이 없고 기다림과 참음이 요구된다. 로마가 복음으로 정복될 때까지 순교의 피를 흘리며 기다린 사도들과 교부시대 성도들의 인내를 배우자.

그들은 실패한 자 같았지만 은근과 끈기로 로마제국을 복음으로 정복하였다.

    은근과 끈기는 주의 일을 완수하는 것이다. 사도 바울은 "내가 달려갈 길과 주 예수께 받은 사명 곧 하나님의 은혜의 복음을 증언하는 일을 마치려 함에는 나의 생명조차 조금도 귀한 것으로 여기지 아니하노라"(행 20:24)고 하였다.
    선교사는 복음을 전하는 일을 위하여 보내심을 받은 자들이다. 비록 오늘은 모든 것이 막히고 길이 열리지 않는 것 같아도 참고 기다리며 복음의 사명을 완수하는 것이다. 사도 바울과 같이 "나는 선한 싸움을 싸우고 나의 달려갈 길을 마치고 믿음을 지켰으니"(딤후 4:7) 하는 고백이 있는 것이다. 나를 보내신 주님의 힘으로 감당할 수 있다는 믿음을 가지고 사명을 포기하지 않는 것이다.
    사도 바울은 "우리가 선을 행하되 낙심하지 말지니 포기하지 아니하면 때가 이르매 거두리라"(갈 6:9)고 하였다. 성령이 선교사에게 주신 사명과 비전이 때가 되면 반드시 이루어진다는 기다림이다.
    사도 바울은 데살로니가 교회 성도들에게 "너희의 믿음의 역사와 사랑의 수고와 우리 주 예수 그리스도에 대한 소망의 인내"(살전 1:3)를 알고 있다고 하였다. 인내는 소망이 있어 가능하다. 예수에 대한 소망으로 인내하는 은근과 끈기로 끝까지 달음질하는 선교가 되어야 한다.

5) 현지인을 존중하고 신뢰하라

미 공군사관학교 예비학교에 다니는 다섯 명의 흑인 기숙사 게시판에 누군가 인종차별적인 비방글을 게시했다. 이 사건을 알게 된 공군사관학교장 제이 실버리아 중장은 5천 명의 직원과 학생들을 집합시키고 강한 어조로 말했다.

그는 "인종과 배경이 다르고, 성별이 다르고, 출신지가 각각 다른 사람들, 피부색과 교육 배경이 다른 다양성이 우리의 힘"이라고 강조했다. 그리고 그는 "타인을 존경과 존중함으로 대할 수 없다면 떠나라. 남녀 상관없이 존경과 존중으로 성별이 다른 상대를 가르칠 수 없다면 떠나라. 어떤 형태로든 타인을 모욕하는 사람은 떠나라. 인종이 다르거나 피부색이 다른 상대를 존경과 존중으로 대할 수 없다면 우리의 조직에서 나가라"고 강하게 인종차별 행위를 질책하였다.

우리는 글로벌 시대, 다문화 시대를 살고 있다. 특히 선교사는 인종과 문화와 교육 수준, 생활 환경이 다른 다양한 사람들을 위해 사역한다. 그런데 선교사의 입에서 거침없이 인종차별적인 발언과 현지인들을 향한 인격 모독적인 행위가 자행되는 모습을 본다. 단일민족으로 살아왔고, 우리가 가장 우수하다는 착각에 사로잡혀 있는 한국인이 세계에서 인종차별이 가장 심하다고 한다.

제이 실버리아 장군이 말한 것처럼 다양성을 인정하지 못하고 자기 우월감에 빠져 현지인들을 무시하고 모독하는 선교사들은 선교지에서 떠나라.

아프리카에서 한인들이 현지인들을 도둑으로 매도하는 현상이 지나치게 많이 나타난다. 현지인들에게 돈을 맡기면 도둑을 당한다는 생각 때문에 100달러 지폐 한 장을 맡기지 못하는 것이다. 물건을 사거나 택시를 타면 바가지를 씌운다는 피해의식에 사로잡혀 현지인들을 신뢰하지 못한다.

수년 동안 아프리카에서 사역을 했다면서 믿고 맡길 수 있는 현지인 동역자를 양성하지 못한 선교사는 선교지를 떠나라. 자신의 상처로 선교지에 상처만 남길 뿐이다. 선교센터와 교회를 건축하면서 후원자들에게는 현지인 손에 넘겨줄 것이라고 말하면서 100달러를 믿고 맡길 수 있는 현지 사역자를 키우지 못했다면 그의 말은 위선이다.

사람은 믿어 주어야 믿을 만한 사람이 된다. 선교사의 끊임없는 신뢰를 받을 때 믿을 만한 현지인 사역자가 양성된다.

사람을 믿을 수 없으면, 하나님을 믿어라. 현지의 사역자들을 신실하신 하나님 손에 맡겨 드릴 때 하나님이 그들을 만지시고 고치셔서 신뢰할 만한 사람으로 사용하신다.

사도 바울은 에베소 교회를 장로들에게 맡기고 떠나면서 "지금 내가 여러분을 주와 및 그 은혜의 말씀에 부탁하노니 그 말씀이 여러분을 능히 든든히 세우사 거룩하게 하심을 입은 모든 자 가운데 기업이 있게 하시리라"(행 20:32)고 하였다.

선교지에 세워진 선교센터와 교회를 현지인 리더십을 신뢰하는 마음으로 맡기되, 그들을 '주와 그 은혜의 말씀에 부탁'하라.

6) 재정 관리를 투명하게 하라

선교사들이 조심스럽게 다루어야 하는 것이 재정 관리이다. 사람이 최고의 가치를 두는 것은 돈과 명예와 쾌락이다. 선교사가 돈의 유혹에 빠질 수 있고, 동료들 사이에서 돈의 미혹으로 선교회 전체에 어려운 일을 만날 수 있다. 특히 조심해야 하는 것은 세상 사람들의 돈에 대한 관심이다. 그들의 시선은 선교사가 재정을 어떻게 사용하는지에 집중되어 있다는 것을 잊어서는 안 된다.

온유하고 겸손하신 예수를 화나게 하는 일은 주의 일을 한다면서 장사꾼이 되는 것이었다. 예수는 성전 안에서 소와 양과 비둘기 파는 사람들과 돈 바꾸는 사람들이 앉아 있는 것을 보시고 노끈으로 채찍을 만드사 양이나 소를 다 성전에서 내쫓으시고 돈 바꾸는 사람들의 돈을 쏟으며 상을 엎으셨다(요 2:14-15).

바울은 디모데에게 "돈을 사랑함이 일만 악의 뿌리가 되나니 이것을 탐내는 자들은 미혹을 받아 믿음에서 떠나 많은 근심으로써 자기를 찔렀도다"(딤전 6:10)라고 하였다. 돈이 죄가 아니라 돈을 사랑하는 마음이 죄의 뿌리가 되는 것이다.

유다는 예수의 사역에 참가하여 돈 관리를 맡았는데 가난한 사람들을 위해 가장 거룩하게 사용하는 척하면서 그것을 훔쳐 가는 도둑이 되었다(요 12:6).

개인 선교사라도 선교비의 입금과 지출에 대하여 매우 투명하게 장부를 정리해 두어야 한다. 선교회 소속이라면 선교회에 보고하고, 교회의 파송자라면 교회에 보고하라. 만약 사람 앞에 보일 일이 없어도, 하나님 앞에 해마다 재정 보고를 하면서 얼마나 투명하고 절약해서 잘 사용하였는지 살펴보라.

나 자신이 얼마나 후원자들로부터 사랑과 지지를 받았는지, 그들이 보낸 헌금이 얼마나 현지 사역을 위해 사용되었는지 살펴보라.

필자는 선교 사역을 시작하면서 선교회를 비영리 단체로 등록하고, 선교후원금을 선교회 명의로 받았다. 선교비 관리는 재정간사가 정리하여 지금까지 장부를 그대로 보존하고 있다.

사도 바울은 마게도냐와 아가야 사람들이 예루살렘 교회의 가난한 사람들을 위해 마련해 준 연보를 성실하게 전달하였다(롬 15:26-28). 바울은 그에게 맡겨진 헌금을 사용하면서 "이것을 조심함은 우리가 맡은 이 거액의 연보에 대하여 아무도 우리를 비방하지 못하게 하려 함이니 이는 우리가 주 앞에서뿐 아니라 사람 앞에서도 선한 일에 조심하려 함이라"(고후 8:20-21)고 하였다.

돈을 우상으로 삼지 말고 힘으로도 삼지 마라. 이사야 선지자는 "사람들이 주머니에서 금을 쏟아 내며 은을 저울에 달아 도금장이에게 주고 그것으로 신을 만들게 하고 그것에게 엎드려 경배하며"(사 46:6)라고 경계하였다. 선교지에 돈으로 세운 것들을 우상으로 삼아 거기에 엎드리지 마라.

현지인들에게 지불해야 하는 인건비는 당연히 그들의 수고의 대가로 지불하는 것이다. 현지인들의 인건비를 선심 쓰듯 지불하지 마라. 학교나 선교회가 법인으로 설립되었다면 현지인들에게 재정을 맡기고 그들이 집행하도록 하라. 돈을 사용하는 모습을 보면 앞으로 누구에게 선교회를 맡길 수 있는지 알 수 있다

7) 분열을 멀리하라

한국 사회 전반의 양극화 현상이 교계에도 침투하여 기독교인들이 양분화되어 있다. 이런 사회 현상에 물든 그리스도인들이 자신도 모르는 사이에 좋고 싫음, 좌와 우의 양극단에 서게 된다. 이런 사회 현상에 익숙한 선교사는 선교회 내에서 우리의 것을 추구하지 못하고, 내 것과 네 것을 나누려고 한다. 평안하게 사역을 하다가도 한국인 선교사를 영입하면 편 나누기로 선교회 분위기가 어수선해지는 것을 여러 차례 겪어 보았다.

선교사를 영입하여 선교지에 파송하면 선교회 지붕 아래 자기의 집을 따로 지으며 분열을 조장한다. 그리고 자리가 잡히면 현지인 사역자들을 데리고 나가 선교회 문 앞에 자기의 사역을 세우는 일이 비일비재하다.

사도 바울은 육체의 일 중에 "원수 맺는 것과 분쟁과 시기와 분냄과 당 짓는 것과 분열함과 이단과 투기"(갈 5:19-21)하는 일을 포함하였

다. 유다서는 "이 사람들은 분열을 일으키는 자며 육에 속한 자며 성령이 없는 자니라"(유 1:19)고 하였다.

그러나 인간들이 함께하는 공동체에서 각자의 기대와 가치관의 차이로 갈등하는 일이 없을 수는 없다. 좋은 사람이었던 바나바와 위대한 선교사 바울 간에도 갈등과 분열이 있었다. 예수의 열두 제자들 사이에도 서로 높은 자리에 앉으려는 자리다툼으로 갈등이 일어났다.

예수는 제자들의 갈등을 해소하기 위해 제자들의 발을 씻어 주시며 서로 섬기라고 가르쳐 주셨다. 선교사들은 섬김의 영성으로 갈등을 이겨 내고 분열을 일으키는 자리에 서지 않도록 노력해야 한다.

시편 기자는 "보라 형제가 연합하여 동거함이 어찌 그리 선하고 아름다운고 머리에 있는 보배로운 기름이 수염 곧 아론의 수염에 흘러서 그의 옷깃까지 내림 같고 헐몬의 이슬이 시온의 산들에 내림 같도다 거기서 여호와께서 복을 명령하셨나니 곧 영생이로다"(시 133:1-3)라며 하나 됨의 아름다운 모습을 전했다.

하나 됨은 보배로운 기름과 같이 공동체에 성령의 기름 부음과 치유를 일으킨다. 하나 됨은 헐몬의 이슬과 같이 영적으로 메마른 선교지에 이슬을 내리는 힘이다. 하나 됨으로 영생의 복음이 선포되는 것이다.

4장 선교 현장으로 가는 길

선교사는 분열이 있는 곳에 화평과 연합을 이끌어 내는 지도자이다.

지나친 교파주의를 버려라. 고린도 교회에 분쟁이 일어났는데 사람들이 각자 "나는 바울에게, 나는 아볼로에게, 나는 게바에게, 나는 그리스도에게 속한 자라" 하는 분열이었다. 사도 바울은 이들의 분쟁에 대해 "그리스도께서 어찌 나뉘었느냐"라고 하면서 교회의 하나 됨을 강조했다(고전 1:12-13).

교회는 "그리스도 예수 안에서 거룩하여지고 성도라 부르심을 받은 자들과 또 각처에서 우리의 주 곧 그들과 우리의 주 되신 예수 그리스도의 이름을 부르는 모든 자들"(고전 1:2)의 공동체이다.

한국에 있는 교회, 아프리카에 있는 교회, 유럽에 있는 교회, 그리고 저 북한 땅의 어두운 지하 방에 모여 기도하는 교회도 우리의 교회다. 선교사는 선교지에서 교파와 교단의 담을 넘어 사역할 수 있어야 한다.

8) 시기와 질투의 감정을 버려라

갈등과 분열은 시기와 질투의 감정으로 시작된다. 고라와 다단과 아비람과 온이 당을 지어 모세를 대항하여 반란을 일으킨 사건이 민수기에 기록되어 있다. 이들이 반란을 일으킨 것은 "그들이 진영에서 모세와 여호와의 거룩한 자 아론을 질투하였기"(시 106:16) 때문이다.

질투란 개인이 가치 있게 여기는 것(인간관계의 영역)을 잃게 될 것이라는 생각에서 오는 두려움, 불안이라는 부정적인 감정을 말한다. 자기가 갖지 못한 것을 다른 사람이 가졌을 때 박탈감으로 느끼는 감정이다. 열등감에 사로잡히면 다른 사람에 대한 질투심으로 자신을 파괴한다.

선교사가 질투심을 이기는 것은 부유한 마음을 갖는 것이다. 자신을 불러 보내신 예수가 모든 것을 공급하시는 것을 알고 예수의 이름으로 구해야 한다.

사도 야고보는 "너희 중에 싸움이 어디로부터 다툼이 어디로부터 나느냐 너희 지체 중에서 싸우는 정욕으로부터 나는 것이 아니냐 너희는 욕심을 내어도 얻지 못하여 살인하며 시기하여도 능히 취하지 못하므로 다투고 싸우는도다 너희가 얻지 못함은 구하지 아니하기 때문이요 구하여도 받지 못함은 정욕으로 쓰려고 잘못 구하기 때문이라"(약 4:1)고 했다.

'시기'(猜忌)는 다른 사람이 잘 되는 것을 못마땅하게 여기고 미워하는 감정을 말한다. "사촌이 땅을 사면 배가 아프다"라는 속담이 있다. 한국 사회에만 속한 이야기가 아니라 인간의 심리적인 현상이다. 심리 연구에 따르면, 어떤 공동체에서 자기보다 유능한 사람이 있으면 공동체의 다른 구성원들은 그에 대해 심리적으로 위축감을 느끼고 스트레스를 받게 된다고 한다.

선교사를 가장 힘들게 하는 것은 동료 선교사들의 시기심으로 일으키는 갈등을 겪는 것이다. 내가 힘써 일하는 사역에 대하여 부정적인 말을 퍼뜨리거나 심한 경우 적극적인 방해를 받기도 한다.

사도 야고보는 "너희 마음 속에 독한 시기와 다툼이 있으면 자랑하지 말라 진리를 거슬러 거짓말하지 말라 이러한 지혜는 위로부터 내려온 것이 아니요 땅 위의 것이요 정욕의 것이요 귀신의 것이니 시기와 다툼이 있는 곳에는 혼란과 모든 악한 일이 있음이라"(약 3:14-16)고 하였다.

시기와 질투의 감정은 자기를 다른 선교사와 비교할 때 일어나는 감정이다. 이런 감정에 빠진 선교사는 자기 사역은 돌보지 않고, 다른 선교사들의 사역을 비판하고 방해하는 죄를 반복한다. 그들의 입에는 비판과 비난의 언어가 멈추지 않는다.

예수는 "너희가 비판하는 그 비판으로 너희가 비판을 받을 것이요 너희가 헤아리는 그 헤아림으로 너희가 헤아림을 받을 것이니라"(마 7:2)고 하셨다.

남을 비판하고 험담하는 습관을 버려라. 시기와 질투의 감정을 버리는 것이다. 사탄의 속임수로 일어나는 이런 감정을 스스로 다스릴 줄 알아야 한다.

주변 선교사들의 수고와 헌신을 격려하고, 그들의 성공을 기뻐해 주고, 고통받는 선교사들을 위하여 기도하는 자리에 있어야 하나님의 사람이라 할 수 있겠다.

9) 낮은 자리에 있어라

예수는 사도들을 택하실 때 그들의 외모를 보고 택하지 않으셨다. 서기관과 대제사장들조차도 "당신은 바로 말씀하시고 가르치시며 사람을 외모로 취하지 아니하시고 오직 진리로써 하나님의 도를 가르치시나이다"(눅 20:21)라고 하였다.

어부를 부르시고, 죄인으로 천대받은 세리를 부르셨다. 예수는 심지어 교회를 핍박하던 사울을 불러 사도로 삼으셨다. 이들은 스스로를 죄인이라고 고백했던 사람들이다.

베드로는 예수가 그를 부르실 때 예수 앞에 무릎을 꿇고 앉아 "주여 나를 떠나소서 나는 죄인이로소이다"(눅 5:8)라고 고백하였다. 가장 위대한 선교 사명을 감당하고 놀라운 능력을 행했던 바울은 사랑하는 제자 디모데에게 보내는 편지에 "죄인 중에 내가 괴수니라"(딤전 1:15)고 자신을 고백하였다.

예수가 레위(마태)라 하는 세리가 세관에 앉아 있는 것으로 보시고 그를 부르자 그는 즉시 일어나 예수를 따랐다(눅 5:27-28). 레위가 예수를 집으로 초대하여 큰 잔치를 베풀어 많은 세리와 사람들이 참여하자 서기관들과 바리새인들이 예수를 비판했다. 그때 예수는 "내가 의인을 부르러 온 것이 아니요 죄인을 불러 회개시키러 왔노라"(눅 5:32)고 하셨다.

어느 바리새인이 성전에 들어가 사람들이 보이는 자리에 서서 "하나님이여 나는 다른 사람들 곧 토색, 불의, 간음을 하는 자들과 같지 아니하고 이 세리와도 같지 아니함을 감사하나이다 나는 이레에 두 번씩 금식하고 또 소득의 십일조를 드리나이다"(눅 18:11-12) 하고 기도하였다. 그러나 세리 한 사람이 멀리 서서 감히 눈을 들어 하늘을 쳐다보지도 못하고 다만 가슴을 치며 "하나님이여 불쌍히 여기소서 나는 죄인이로소이다"(눅 18:13)라고 했다.

아마 세리 마태(레위)는 차마 눈을 들어 하늘을 보지도 못하고 "주여, 나를 불쌍히 여기소서 나는 죄인이로소이다" 하는 가난한 심령을 가진 자였을 것이다.

선교사는 "나는 죄인이로소이다" 하는 가난한 마음이 있어야 한다.

선교사는 돈과 지혜와 능력과 학벌이 좋아서 선택되는 것이 아니다. 스스로 미련하고, 약하고, 천하고 멸시받는 자라는 낮은 의식의 자리에 있을 때 주님의 부르심과 보내심을 받을 수 있다.

사도 바울은 "무엇이든지 내게 유익하던 것을 내가 그리스도를 위하여 해로 여길 뿐더러 또한 모든 것을 해로 여김은 내 주 그리스도를 아는 지식이 가장 고상하기 때문이라 내가 그를 위하여 모든 것을 잃어버리고 배설물로 여김은 그리스도를 얻고 그 안에서 발견되려 함"(빌 3:7-9)이라고 하였다.

한결같이 낮은 마음이어야 한다. 높아지고 유명해지려는 생각을 버리고 낮은 자리로 돌아가라.

고전 1:26-29 "형제들아 너희를 부르심을 보라 육체를 따라 지혜로운 자가 많지 아니하며 능한 자가 많지 아니하며 문벌 좋은 자가 많지 아니하도다 그러나 하나님께서 세상의 미련한 것들을 택하사 지혜 있는 자들을 부끄럽게 하려 하시고 세상의 약한 것들을 택하사 강한 것들을 부끄럽게 하려 하시며 하나님께서 세상의 천한 것들과 멸시 받는 것들과 없는 것들을 택하사 있는 것들을 폐하려 하시나니 이는 아무 육체도 하나님 앞에서 자랑하지 못하게 하려 하심이라."

10) 사랑으로 하라

선교는 성령님의 사역이다.

따라서 선교사의 사역에는 성령의 은사들이 나타나야 한다. 성령의 은사는 '지혜의 말씀, 지식의 말씀, 믿음, 병 고치는 은사, 능력 행함, 예언함, 영들 분별함, 각종 방언, 방언 통역'(고전 12:8-10), 그리고, '예언, 섬기는 일, 가르치는 일, 위로하는 일, 구제하는 일, 다스리는 일, 긍휼을 베푸는 일'(롬 12:6-8)이다.

선교사는 성령의 충만함을 받아 선교 현장에서 주신 은사들을 따라 사역을 감당해야 한다. 병 고치고 방언하는 것만이 은사가 아니라 섬기는 일, 가르치는 일, 위로하는 일, 구제하는 일, 다스리는 일, 긍휼을 베푸는 일이 선교사가 감당해야 할 성령의 일이다. 지혜와 지식의 말씀이 은사로 나타나기도 하고, 믿음의 역사가 나타나는 것이 선교사의 삶이다.

선교는 믿음의 역사다.

인간의 힘으로는 불가능한 사역을 하나님만 의지하고 구하며 오직 믿음으로 맡겨 주신 사명을 성취하는 것이다. 사도 바울은 데살로니가 교회에 보내는 편지에서 '믿음의 역사'라는 말을 두 번 사용한다.

'믿음의 역사'를 영어성경에서는 "Your work produced by faith"(살전 1:3, NIV)이라고 번역하였고, "Every act prompted by your faith"(살후 1:11)라고도 번역하였다. 믿음의 역사는 믿음으로 '행동'(Act)하고 '일'(Work)하는 것을 의미한다. 선교사는 믿음으로 전도하고, 믿음으로 교회를 세우고, 믿음으로 학교를 세우고, 믿음으로 병원을 세워가는 '믿음의 역사'를 이루어야 한다.

선교는 자기를 불사르는 헌신이다.

사도 바울이 어떻게 자기를 불사르는 삶을 살았는지 들어보자.

> **고후 11:23-28** "내가 수고를 넘치도록 하고 옥에 갇히기도 더 많이 하고 매도 수없이 맞고 여러 번 죽을 뻔하였으니 유대인들에게 사십에서 하나 감한 매를 다섯 번 맞았으며 세 번 태장으로 맞고 한 번 돌로 맞고 세 번 파선하고 일 주야를 깊은 바다에서 지냈으며 여러 번 여행하면서 강의 위험과 강도의 위험과 동족의 위험과 이방인의 위험과 시내의 위험과 광야의 위험과 바다의 위험과 거짓 형제 중의 위험을 당하고 또 수고하며 애쓰고 여러 번 자지 못하고 주리며 목

마르고 여러 번 굶고 춥고 헐벗었노라 이 외의 일은 고사하고 아직도 날마다 내 속에 눌리는 일이 있으니 곧 모든 교회를 위하여 염려하는 것이라."

선교는 사랑으로 이 모든 것을 행하는 것이다.

바울은 "내가 사람의 방언과 천사의 말을 할지라도 사랑이 없으면 소리 나는 구리와 울리는 꽹과리가 되고 내가 예언하는 능력이 있어 모든 비밀과 모든 지식을 알고 또 산을 옮길 만한 모든 믿음이 있을지라도 사랑이 없으면 내가 아무것도 아니요 내가 내게 있는 모든 것으로 구제하고 또 내 몸을 불사르게 내줄지라도 사랑이 없으면 내게 아무 유익이 없느니라"(고전 13:1-3)고 하였다.

성령의 은사로 방언을 말하고 예언을 하여도 사랑이 없으면 소리 나는 구리와 울리는 꽹과리와 같이 소리만 요란할 뿐이다.

믿음으로 예배당을 짓고, 학교를 세우고 병원을 세워도 사랑이 없으면 아무것도 아니라는 것이다. 자기를 불사르는 헌신의 삶을 살아도 사랑이 없으면 자신에게 아무런 유익이 없다는 교훈이다.

선교 사역에는 분명히 성령의 인도하심과 믿음의 역사와 철저한 희생이 있어야 하는데, 이 모든 것을 사랑으로 하라는 교훈이다. 사도 바울은 '위대한 사명'을 감당하는 선교사가 가져야 할 사랑을 이렇게 정의해 주었다.

고전 13:4-7 "사랑은 오래 참고 사랑은 온유하며 시기하지 아니하며 사랑은 자랑하지 아니하며 교만하지 아니하며 무례히 행하지 아니하며 자기의 유익을 구하지 아니하며 성내지 아니하며 악한 것을 생각하지 아니하며 불의를 기뻐하지 아니하며 진리와 함께 기뻐하고 모든 것을 참으며 모든 것을 믿으며 모든 것을 바라며 모든 것을 견디느니라."

| 건강한 공동체 세우기(5) |

가장 위대한 사명

1판 1쇄 인쇄 _ 2020년 8월 20일
1판 1쇄 발행 _ 2020년 8월 25일

지은이 _ 김평육
펴낸이 _ 이형규
펴낸곳 _ 쿰란출판사

주소 _ 서울특별시 종로구 이화장길 6
편집부 _ 745-1007, 745-1301~2, 747-1212, 743-1300
영업부 _ 747-1004, FAX 745-8490
본사평생전화번호 _ 0502-756-1004
홈페이지 _ http://www.qumran.co.kr
E-mail _ qrbooks@daum.net / qrbooks@gmail.com
한글인터넷주소 _ 쿰란, 쿰란출판사
페이스북 _ www.facebook.com/qumranpeople
인스타그램 _ www.instagram.com/qrbooks
등록 _ 제1-670호(1988.2.27)
책임교열 _ 최가영·이희정

ⓒ 김평육 2020 ISBN 979-11-6143-420 9 04230
                    979-11-6143-104-8 (세트)

책값은 뒤표지에 있습니다.
이 출판물은 저작권법에 의해 보호를 받는 저작물이므로 무단 복제할 수 없습니다.
파본(破本)은 구입처에서 교환해 드립니다.